乌蒙山燕麦

徐丽君 唐华俊 孙启忠 饶彦章 等著

中国农业科学技术出版社

图书在版编目（CIP）数据

乌蒙山燕麦 / 徐丽君等著 . -- 北京：中国农业科学技术出版社，2021.11

ISBN 978-7-5116-5395-6

Ⅰ.①乌… Ⅱ.①徐… Ⅲ.①燕麦—作物经济—研究—西南地区 Ⅳ.① F326.11

中国版本图书馆 CIP 数据核字（2021）第 127234 号

责任编辑　于建慧
责任校对　李向荣
责任印制　姜义伟　王思文

出 版 者	中国农业科学技术出版社
	北京市中关村南大街 12 号　邮编：100081
电　　话	（010）82109708（编辑室）（010）82109702（发行部）
	（010）82109709（读者服务部）
传　　真	（010）82106650
网　　址	http://www.castp.cn
经 销 者	各地新华书店
印 刷 者	北京建宏印刷有限公司
开　　本	170 mm × 240 mm　1/16
印　　张	9.5
字　　数	201 千字
版　　次	2021 年 11 月第 1 版　2021 年 11 月第 1 次印刷
定　　价	100.00 元

◆版权所有·侵权必究◆

《乌蒙山燕麦》著者名单

主　著　　徐丽君　　唐华俊　　孙启忠　　饶彦章

其他著者　王　波　　张　健　　王志燕　　刘官雄　　饶　雄
　　　　　　尹志华　　蒋先林　　高兴发　　李天时　　乔正林
　　　　　　肖石良　　赵东奇　　余加永　　杨加玉　　郑科美
　　　　　　张玉宏　　付兆聪　　侯　俊　　洪　波　　王　俊
　　　　　　李国云　　计加高　　刘寿旭　　尹兴标　　朱培云
　　　　　　付云昌　　王顺金　　王洪永　　杨文春　　柳　茜
　　　　　　付廷飞　　聂莹莹　　徐树花

前言

乌蒙山区位于云贵高原与四川盆地结合部，属亚热带、暖温带高原季风气候，降水时空分布不均。2010年年末，旱地占耕地面积比例高达84%，25°以上坡耕地占耕地总面积比重大，有效灌溉面积占耕地总面积仅25.31%，宜农宜牧。土地贫瘠，人均耕地少，土地生产力低，干旱、洪涝、风雹、凝冻、低温冷害、滑坡、泥石流等自然灾害频发。乌蒙山区主要农作物为马铃薯、玉米、荞麦和小麦等，传统种植制度为一年一季，多熟地区大春播种，夏末秋初收获，拥有丰富的冬闲田资源。

燕麦具有耐寒耐旱、耐瘠薄和喜冷凉等特性。2013年以来，中国农业科学院草原研究所、农业资源与农业区划研究所和四川省凉山彝族自治州畜牧兽医科学研究所先后在凉山州西昌、布拖、昭觉和云南省丽江市古城、永胜等县（市、区）开展冬闲田食用型燕麦（亦称莜麦）、饲用型燕麦和兼用型燕麦的适栽品种筛选、栽培管理、加工利用及产品开发等方面开展了系列研究。会泽县地处乌蒙山主峰地段，为国家级深度贫困县（2020年已脱贫），是

中国工程院挂钩帮扶单位。2017年，受中国工程院邀请，中国农业科学院唐华俊院士专家团队在会泽县开展优质高产燕麦（莜麦）新品种、新技术试验与示范研究，取得了良好的效果。2018年，会泽县冬闲田（秋播）燕麦亩产突破300千克（2019年5月底收获），最高亩产达367千克；2019年，冬闲田燕麦推广种植面积达5万多亩，平均亩产317千克，最高亩产达400千克，个别种植户亩产高达420千克。到2020年年底，会泽县冬闲田燕麦种植面积已达10万亩。

本书内容来源于上述研究工作和推广实践。在研究和示范推广中得到多个项目的资助，包括中国工程院咨询项目"乌蒙山区特色燕麦产业发展研究""高原特色农业产业在会泽县示范与推广"，农业农村部"现代农业产业技术体系（CARS-34）专项""中国农业科学院科技创新工程（CAAS-ASTTP）"，中央级公益性科研院所基本科研业务费专项"乌蒙山区冬闲田燕麦实用化利用模式研究"，云南省重点研发计划"科技入滇"项目"乌蒙山区燕麦提质增效与产品研发关键技术研究与示范"、云南省院士（专家）工作站"徐丽君专家工作站"及会泽县政府"孙启忠燕麦工作室"经费等。正因为有了这些项目的资助，乌蒙山冬闲田燕麦试验研究与示范推广工作才能得以持续进行，才能获得第一手资料，撰写本书才有了基础。在此，对长期给予支持的有关部门表示衷心的感谢。同时，对会泽县委县政府给予的大力支持表示衷心感谢，

特别是会泽县农业农村局在业务上的指导和帮助。

本书主要介绍了我国古代乌蒙山区燕麦种植历史、乌蒙山区农业资源特点、会泽县燕麦种植的历史背景和现状、燕麦的适应性及对环境条件的要求、冬闲田燕麦种植、田间管理、主要病虫害及其防治、适时收获、冬闲田燕麦种子田的建立及良种繁育等内容。尽管在乌蒙山区利用冬闲田开展了多年燕麦的试验研究与示范推广，也取得了显著的成效，但该项技术还需要在生产实践中继续进行检验，还需要进一步提炼和完善。由于研究时间短和作者水平所限，书中不妥之处在所难免，恳请读者批评指正。

著 者

2020 年 12 月

目 录

第一章　燕麦小史 …………………………………………………… 1

　第一节　我国古老的栽培作物——燕麦 ………………………… 1

　第二节　古代北方燕麦种植 ……………………………………… 7

　第三节　古代鄂湘燕麦种植 ……………………………………… 12

　第四节　古代云贵川燕麦种植 …………………………………… 14

　第五节　古代会泽燕麦种植 ……………………………………… 18

第二章　乌蒙山片区区位与农业资源特点 …………………………… 19

　第一节　乌蒙山片区区位 ………………………………………… 19

　第二节　乌蒙山区农业特点 ……………………………………… 20

第三章 会泽县燕麦种植 …… 27

第一节 燕麦种植的历史 …… 27

第二节 燕麦种植现状 …… 28

第三节 燕麦发展历程 …… 32

第四节 发展冬闲田燕麦的意义及优势 …… 36

第四章 燕麦的适应性及对环境条件的要求 …… 53

第一节 常见燕麦种类 …… 53

第二节 燕麦的适应性 …… 56

第三节 对环境条件的要求 …… 60

第四节 燕麦的生长发育 …… 65

第五章 燕麦栽培技术 …… 69

第一节 品种选择 …… 69

第二节 种植模式 …… 70

第三节 地块选择 …… 80

第四节 整地施肥 …… 81

　　第五节　播　　种…………………………………………… 83

第六章　田间管理………………………………………… 95
　　第一节　苗期管理…………………………………………… 95
　　第二节　分蘖抽穗期的田间管理…………………………… 98
　　第三节　开花成熟期的田间管理……………………………100

第七章　主要病虫害及其防治……………………………103
　　第一节　蚜　　虫……………………………………………104
　　第二节　红叶病………………………………………………106
　　第三节　白粉病………………………………………………108
　　第四节　锈　　病……………………………………………110
　　第五节　鸟　　害……………………………………………112

第八章　适时收获…………………………………………113
　　第一节　燕麦成熟的标志与标准……………………………113
　　第二节　收获时期与方法……………………………………115

　　第三节　晾晒贮藏……………………………………117

第九章　燕麦种子田……………………………………121

　　第一节　种子田的生产任务……………………………121

　　第二节　种子田建立……………………………………121

　　第三节　燕麦种子混杂退化的原因……………………123

　　第四节　良种繁育技术…………………………………124

　　第五节　良种繁育应注意的事项………………………125

第十章　燕麦种子与干草质量分级……………………127

　　第一节　燕麦种子等级分级……………………………127

　　第二节　燕麦干草质量评价……………………………131

参考文献……………………………………………………137

第一章

燕麦小史

第一节 我国古老的栽培作物——燕麦

我国是燕麦的原产地之一,在典籍中早有记载。《尔雅·释草》"蘥,雀麦",晋郭璞注:"即燕麦也";宋邢昺疏:"蘥,一名雀麦,一名燕麦"。

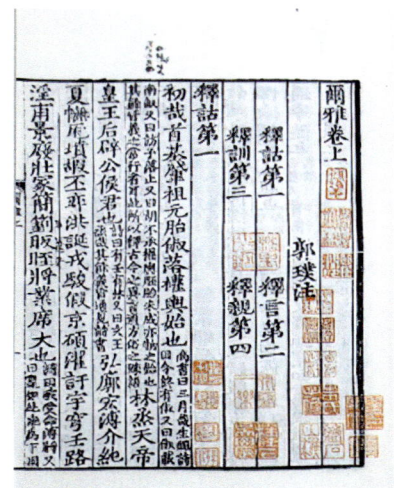
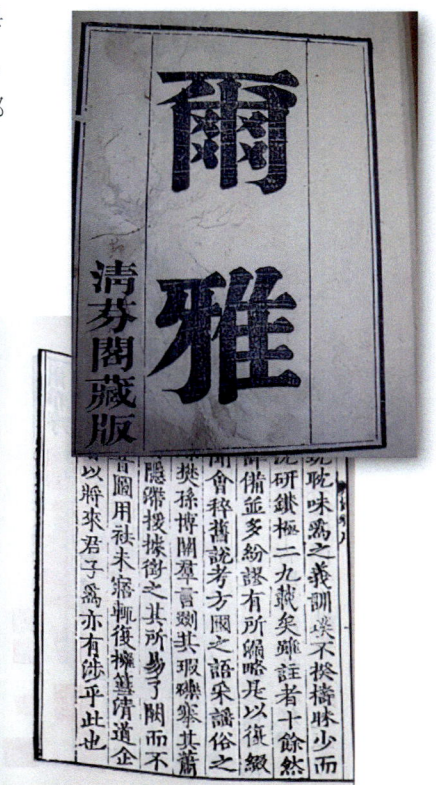

《尔雅》

此后，许多人都坚持燕麦与雀麦系同一植物的观点。其中，不乏一些很有名的本草学家，如唐苏敬《新修本草》云："[雀麦]一名蘥，一名燕麦。"

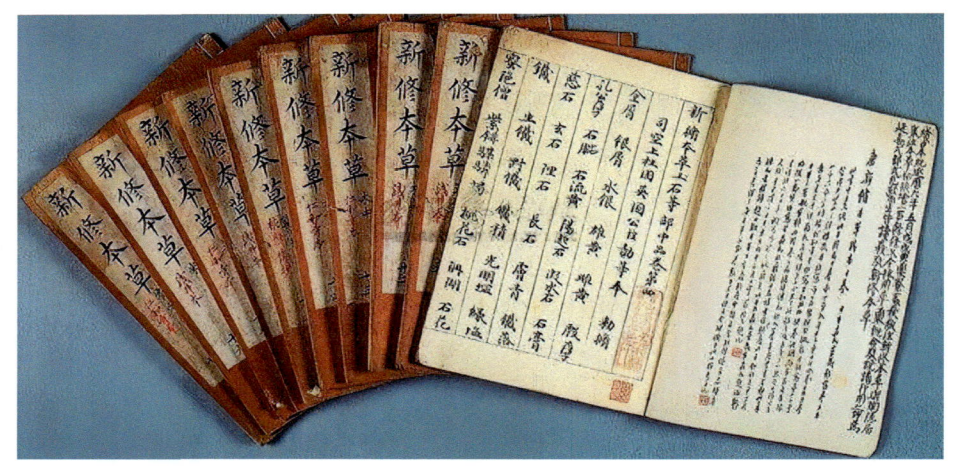

《新修本草》

北宋唐慎微《重修政和经史证类备急本草》："[燕麦]一名蘥，一名燕麦。"北宋寇宗奭《本草衍义》曰："雀麦，今谓之燕麦。"

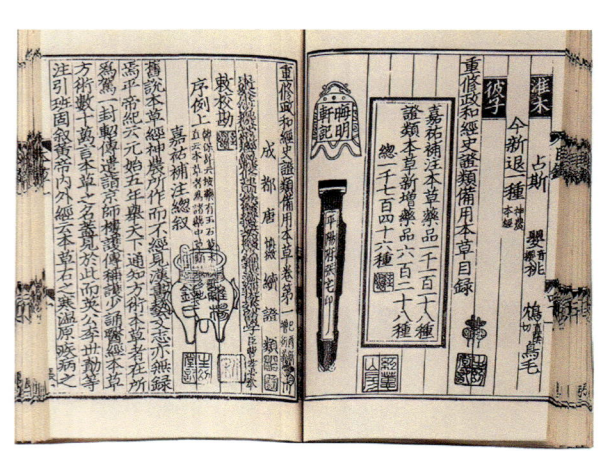

《重修政和经史证类备急本草》

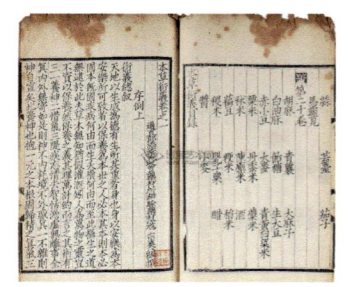

《本草衍义》

第一章 燕麦小史

《太平御览·百卉部》记载:"燕麦《尔雅》曰:[薥],雀麦。宋代(郭璞症曰:即燕麦。)《古歌》曰:田中菟丝,何常可络?道边燕麦,何常可获?"

明代方以智《通雅》:"燕麦,野稷也。《容斋三笔》曰:'刘禹锡《再游玄都观》诗序云、惟兔葵燕麦动摇春风。《北史邢邵书:国子无教授,何异兔丝燕麦、南箕北斗哉,尔雅》:(䒷)兔葵;薥,雀麦。'郭注:'似葵叶小,如藜。雀麦,即燕麦,有毛。'古歌曰:'田中兔丝,何尝可络。道边燕麦,何尝可获。见于《太平御览》。《上林赋》箴析苞荔。'张楫注曰:'析似燕麦(音斯)。'叶庭珪《海录碎事》

《太平御览》

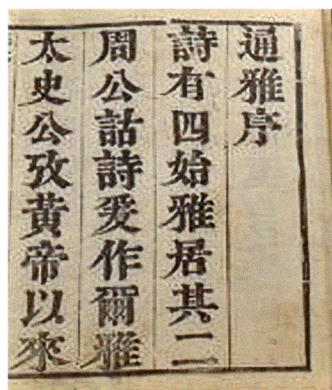

《通雅》

云：'兔葵，苗如龙芮，花白茎紫。燕麦草似麦，亦曰雀麦。'升庵不知为何物，又引范文正所进江淮乌昧草当之，乌昧乃蕨也。又以乌麦为燕麦，而乌麦乃荞麦也。日华子以为瞿麦，则误视其字耳。智按：野稷似麦，米细，尾毛大于莠，荒年采食之，似稗稍长，即燕麦也。北有种之者。五台僧食之，云形长于麦。《穆天子传》：爰有䵚麦（即燕麦也）。《内经》曰：阿师。韩雨公告余甚明。"

明代李时珍《本草纲目·谷一·雀麦》[集解]引周定王曰："燕麦穗极细，每穗又分小叉十数箇，籽亦细小。舂去皮，作麵蒸。"《本草纲目》又曰："燕麦多为野生，因燕雀所食，故名"。

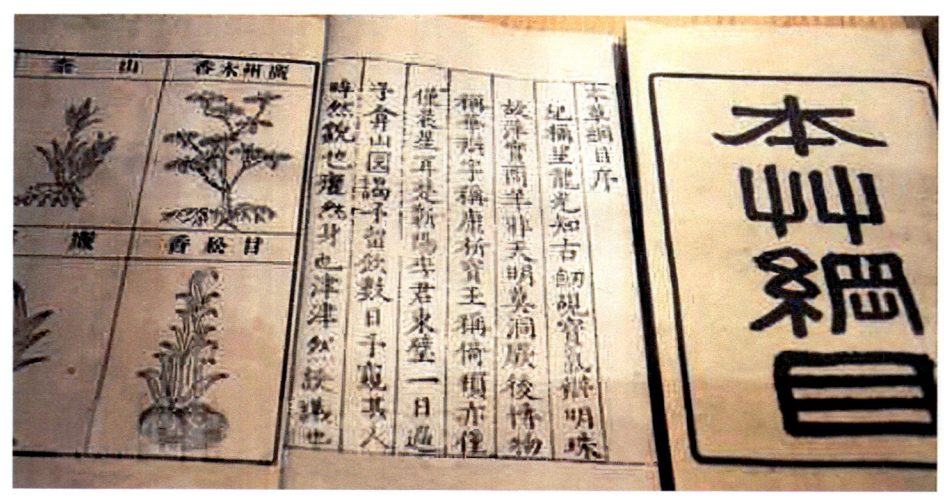

李时珍与《本草纲目》

清代段玉裁《说文解字注》:"蘥（yuè）—注解：爵麦也。爵当依今释蘥作雀，许君从所据耳。郭云：即燕麦也，生故墟野林下，苗实俱似麦。或云爵麦即䅖麦，误也。"

清代陈元龙《格致镜原》:"麦也楚词稻粱稻麦挈黄粱些。《尔雅》蘥雀麦。郭注即燕麦也。《本草纲目》雀麦生故墟野林下苗似小麦而弱实似穬麦而细。陈懋仁《庶物异名疏》《翻译名义集》云迦师后堂云唐言䅖麦？和云北人呼为䕉麦南人呼为雀麦南泉抄以䅖麦为大麦十诵指迦师为小麦饭事钞䅖麦与迦师一物也。《升庵外集》古乐府云田中燕麦何尝可获言虚名无用也然燕麦滇南霑益一路有之土人以为朝夕常食非虚名也。

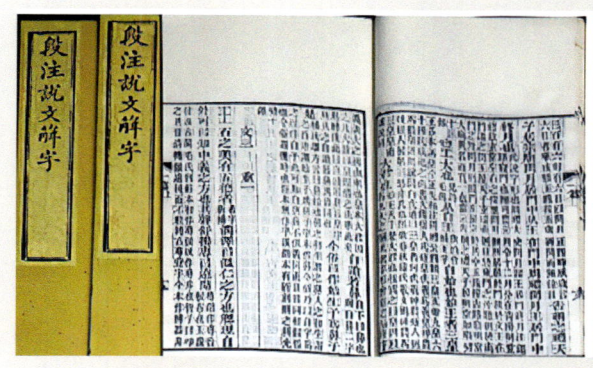

《说文解字注》

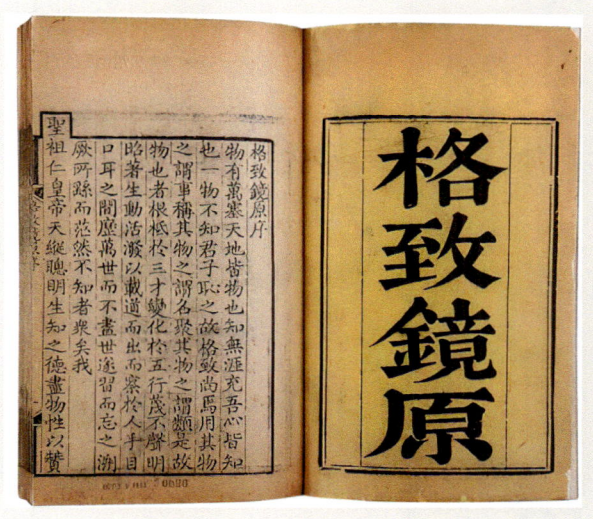

《格致镜原》

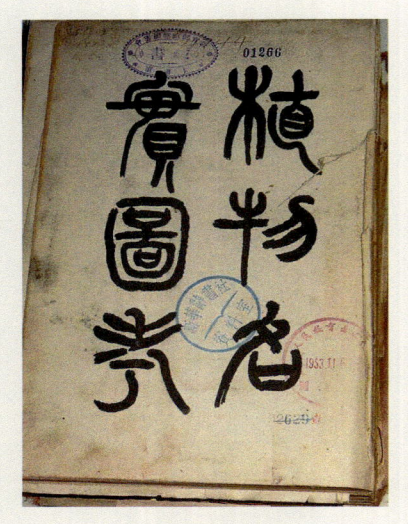

《植物名实图考》

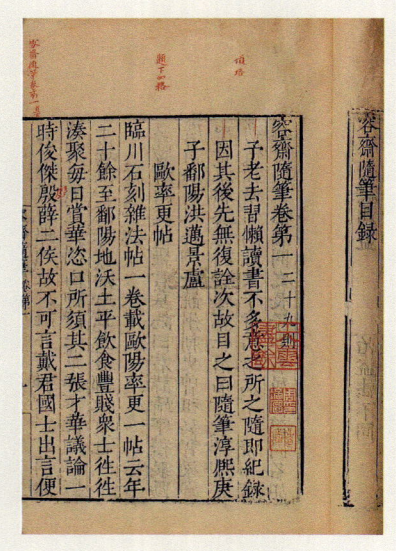

《容斋随笔》

清代植物学家吴其濬在《植物名实图考》记载:"今燕麦附茎结实,离离下垂,尚似青稞。雀麦一茎十余,小穗,乃微似稷。二种皆与麦同时,而叶相似,其实殊非麦类。《唐本草》仅以催乳录之,又云一名燕麦,他方只云雀麦。古谓食燕麦令人脚弱,其性尽下行。但旅生谷实熟即落,故古歌云:"道旁燕麦,何赏可获。"

此外,燕麦亦受到历朝历代诗人的青睐,两汉乐府《古歌》曰:"田中菟丝,何尝可络。道边燕麦,何尝可获。"唐代李白《春日独坐·寄郑明府》:"燕麦青青游子悲,河堤弱柳郁金枝。"宋代陆游《戏咏园中春草》:"不知马兰入晨俎,何似燕麦摇春风?"元代迺贤《南城咏古·妆台》:"废苑嚣花尽,荒台燕麦生。"明代释函《七虞》:"菟葵燕麦凋零尽,回首寒山树一株。"清方文《宿姜开先衍园》诗:"瑶草琼花何处觅?兔葵燕麦不胜情。"这些说明,燕麦确实是我国古老的栽培作物。

宋代洪迈《容斋随笔》记载:刘禹锡《再游玄都观诗序》云:"唯兔葵燕麦,动摇春风耳。"今人多引用之。予读《北史·邢邵传》,载邵一书云:"国子虽有学官之名,而无教授之实,何异兔丝燕麦、南箕北斗哉?"然则此语由来久矣。《尔雅》曰:"萯,兔葵。蘥,雀麦。"郭璞注曰:"颇似葵而叶小,状如藜;雀麦即燕麦,有毛。"《广志》曰:"兔葵,爚(yuè)可食。"古歌曰:"田中兔丝,何尝可络?道边燕麦,何尝可获?"皆见于《太平御览》。《上林赋》"蔵析荔张揖注曰:"析,似燕麦,音斯。"叶庭珪析包荔"。《海录碎事》云:"兔葵,苗如龙芮,花白茎紫。燕麦草似麦,亦曰雀麦。"

第二节　古代北方燕麦种植

明代，燕麦的种植地区已扩展至山西、陕西、云南、贵州、湖北等地，而且开始有了莜麦之名。明黄自烈《正字通》："燕麦，似稗稍长，有细米，山陕有种之者。"

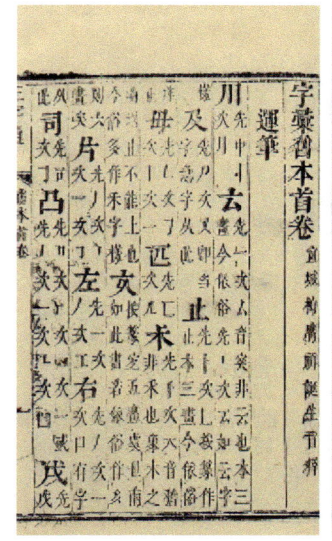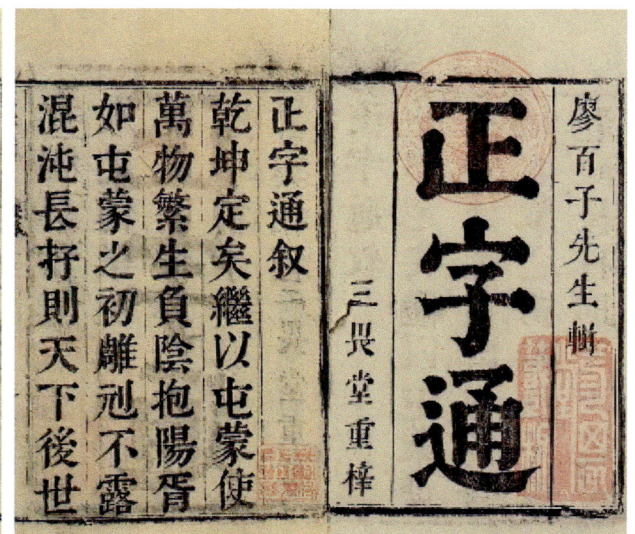

《正字通》

嘉靖年间成书的《平凉府志》还对甘肃平凉一带百姓或用燕麦喂马，或供人食的情形有过这样的叙述："雁麦，唐曰䕬麦，春种，七月收。大者少实，宜饲马；小者实可食。"

明朱橚《救荒本草》也真实地描述了"燕麦，田野处处有之"的景象。明末姚可成《食物本草》还介绍了燕麦的两种常见吃法："雀麦，春（似为"舂"之误）去皮，作面蒸食，及作饼食，皆可救荒。"

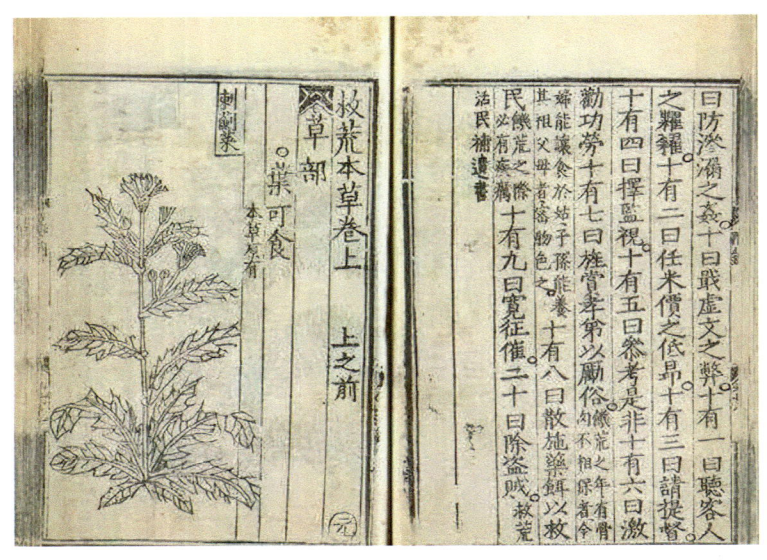

《救荒本草》

不过，野生与种植并存的局面，仍成为时人不时可见的景观。清初文学家顾景星《野菜赞》中，曾有这样的记述："野麦，燕麦也，有小米可作粥。"其赞曰："周道茂草，我心忡忡。旅穀圣米，饥肠不充。亦有燕麦，弗种胡芃。黍离之歌，犹曰正风。"

《野菜赞》

清初杰出诗人王士禛《宋道人传》中亦在不经意间透露出这种现状："老僧不甚食，厨中所有，惟燕麦、芋魁，食之遂不饥。"（谭吉璁曰："南箕北斗，兔丝燕麦。胡独于斯，是刈是获。毋曰春化，亦有秋实。"）

康熙雍正年间以后，燕小麦的种植就更加普遍了。当时的主产地是陕西和山西，湖北、湖南、云南、贵州、河北、甘肃、内蒙古、福建、四川等地亦有出产。

康熙十二年（1673年）《延绥镇志》载，这地处陕北黄土高原，又称榆林镇的边陲重地，燕麦成为当地人的主食之一："燕麦与江淮间同，榆人多种之，九月收，其实细如小麦，不甚有稃，炒食佳。"

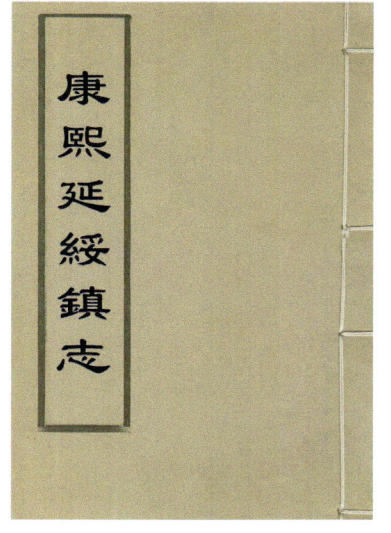

图1-15 《延绥镇志》

雍正十三年（1734年）《陕西通志》"物产志"引陕西《商州志》还说，此地"有老燕麦、小燕麦二种。小燕麦生山坡。"同书引陕西商洛地区的《山阳县志》云："燕麦粒细长，似菰米，宜山地，不宜肥。"道光二十三年（1843年）《紫阳县志》"物产志"则云："近日低坡亦种燕麦，以地土浇瘠，不堪植他谷也。"

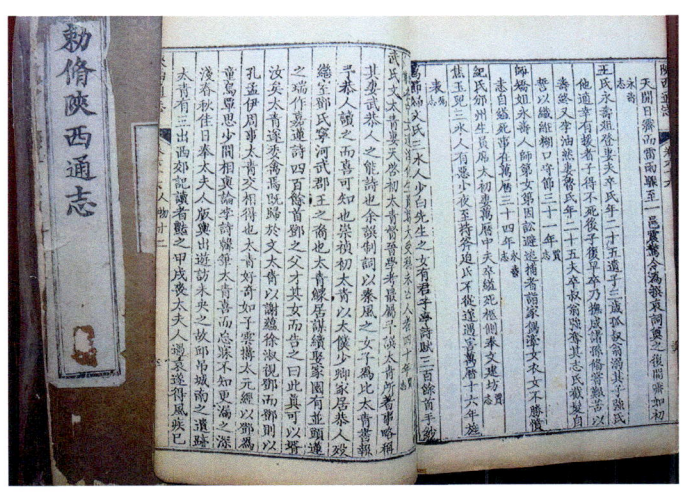

《陕西通志》

此外,《授时通考》在谈到陕西西凉县土产时,也提到"燕麦"。尤以山西的种植最广。清代鄂尔泰等乾隆二年(1737年)奉敕撰写的《授时通考》在记载山西"绛州物产"时,曾说:"荞麦、燕麦,炒以为糇,可食。"提及山西"和顺县土产"时,则有这样的记述:"麦,春麦、雪麦、大麦,地寒不多种,油麦性寒多种,当五谷之半。"在记及山西"马邑县土产"时,又说:"又油麦一种,亦秋熟而种之者少。"在记载山西"定襄县物产"时,则列举有"大麦、小麦、荞麦、油麦、燕麦"数种。但文中将油麦和燕麦并列,却又令人费解。

《授时通考》

燕麦在大同一带也是重要的主食之一。光绪十八年(1892年)《山西通志》"风土志上·风俗"在记及山西省大同所属天镇县的风俗时,曾引用"旧县志"云:"民食以粟为主,而佐以油麦及芋粉。"

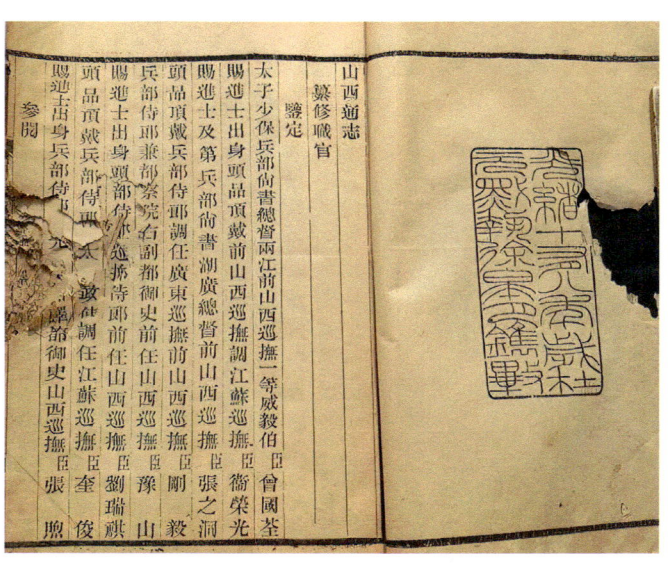

《山西通志》

黑龙江和吉林地区也是重要的燕麦产地。清代方式济《龙沙纪略》中即有载云："穬麦，麸厚而粗，即燕麦也。其实下垂如铃，又名铃铛麦。卜魁人曰：移镇之初，此为常飨。清代方拱乾《宁古塔志》则说：宁古塔"开辟来，不见稻米一颗，有粟，有稗子，有铃铛麦，有大麦。"

后来，一些地区的百姓，又因谐音的缘故，将油麦称作莜麦。清沈涛《瑟榭丛谈》（道光十年序）提到："油麦形似小麦而弱，味濇微苦，核之《本草》，当即燕麦。油，燕声之转耳。油，一作莜，关北宣、大、宁、朔诸郡，民间皆以为常膳。"就是说，当时河北的宣化府、山西的大同府、甘肃的宁州、山西的朔州等地，都将燕小麦作为"常膳"，并将他地沿用多年的"油麦"谐称为"莜麦"。

在内蒙古一带，莜麦面已经成为当地的主要食品，并成为市场上买卖相当活跃的商品之一。道光年间，曾在中国内蒙古、宁夏、甘肃、青海、西藏等西北地区进行过长期考察的法国传教士古伯察，将自己的经历撰写成《鞑靼西藏旅行记》一书。书中记载了他在归化城（今天呼和浩特旧城）的见闻："蒙古人把大群的牛、马、羊和骆驼赶到了那里，同样也用车子把皮货、蘑菇和盐巴运往那里，这是鞑靼沙漠中仅有的产品。他们作为交换而在回程中运去了砖茶、布帛、马鞍、在供奉的偶像前面焚烧的香烛、莜麦面、小米和某些炊具。"莜麦面就是燕麦粉，其在当地人生活中的重要性可见一斑。

由清代张曾纂修，成书于清咸丰十一年（1861年）的《归绥识略》，是呼和浩特历史上最早的一部地方志。该书"土产志"中也真实地记载了塞北四省之一的绥远省（省会归绥，今呼和浩特市）种植莜麦的情景："油麦性耐寒，关外种者极多。吾乡自太原以北皆恃为常食。制法亦较他处特精。……其麦面熟时，色颇似和油者，故拟书作油字。雁门一带亦间呼为燕麦。"

第三节 古代鄂湘燕麦种植

连湖北一些边远山区,燕麦也是常见的杂粮。

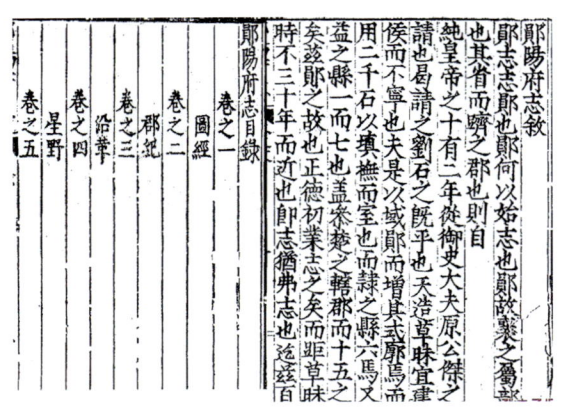

《郧阳府志》

万历《郧阳府志》"物产志"则明确提到府属的竹山、保康两县也有燕麦的种植。

康熙三十六年(1698年)《宜都县志》"物产志"中便曾留下"燕麦,俗名艳麦"的记述。乾隆《长阳县志》"物产志"中亦有载云:"麦之属有大麦、小麦、燕麦,俱磨面,可造饭,亦可酿酒。"道光二十二年(1842年)《建始县志》"物产志"中还有这样的记载:"邑境山多田少,居民倍增,稻谷不足以给,则于山上种包谷、羊芋、乔麦、燕麦。"同治三年(1864年)《宜昌府志》在介绍兴山人的服食情形时,也提到:"民间以脱粟、大小麦为常食,荞麦、燕麦、包谷济之。"府志中在谈到巴东的服食时,即有大致相似的记述:"里中以脱粟、大小麦为上食,荞麦、燕麦次之。"嘉庆《建始县志》"物产志"中也列有"燕麦"之名。光绪十年(1884年)《兴山县志》"物产志"亦有"燕麦,一名雀麦"的记述。

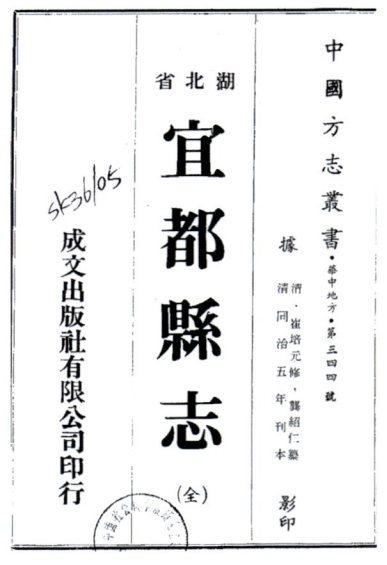

《宜都县志》

康熙年间的湖南《宁乡县志》"土产志"中也列有"油麦"之名。

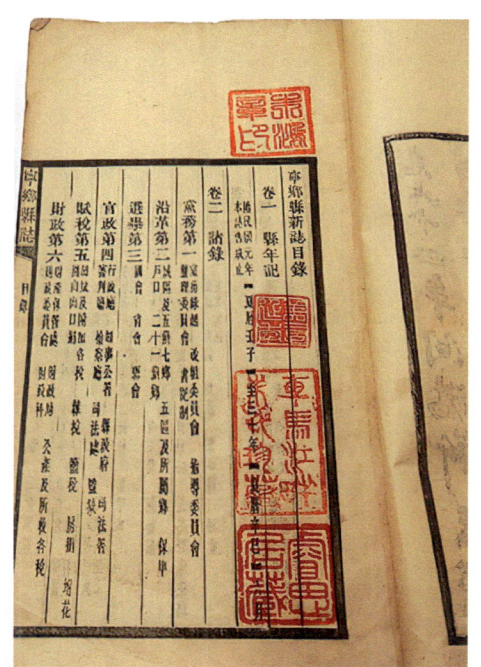

《宁乡县志》

连上海一带，都有燕麦的种植。《授时通考》谈到上海县物产时，便记有"燕麦"一品。

第四节　古代云贵川燕麦种植

在古代，云南也有燕麦栽培。明代杨慎（初号月溪、升庵）在《丹铅总录》中对云南的燕麦有这样的记载："燕麦滇南沾益一路有之，土人以为朝夕常食，非虚名也。"从"朝夕常食"的措辞，可以想象当时燕麦在云南曲靖一带普遍食用的情形。杨慎亦有《燕麦谣》："马牙冰，满林白，损我苦荞伤燕麦。甲子阴，鸟无食，山头农甸心客。荒眼，双流血。腊马蹴，春牛吼。癞象来，穷军走，括金使者空城守。"康熙《云南通志》"物产志"中即有"麦有小麦、大麦、燕麦、玉麦、西番麦数种"的记载。

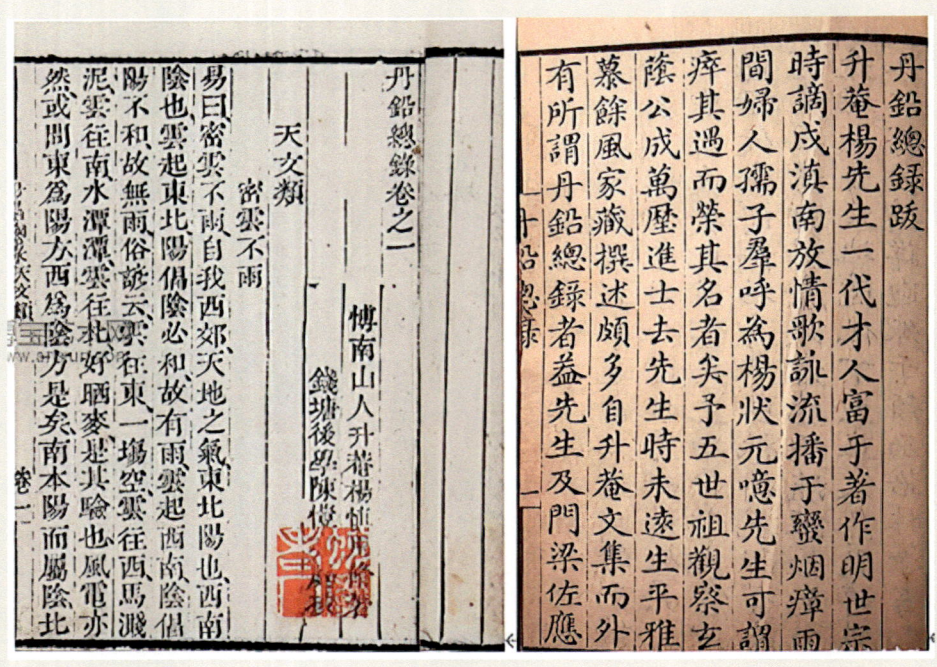

《丹铅总录》

乾隆元年（1736年）《云南通志》"物产志"中也列有"燕麦"之名。乾隆《永北府志》也曾将燕麦与青稞、玉米同列为当地的物产。丽江在明清时期叫作丽江府，乾隆八年（1743年）的《丽江府志略》，也是丽江第一部官修志书，其中便有关于燕麦的记载，"燕麦粉为干饆，水调充服，此土人终岁之需也。"道光十五年（1835年）《云南通志稿》引《南宁县志》中亦有"燕麦又名雀麦"的记述。

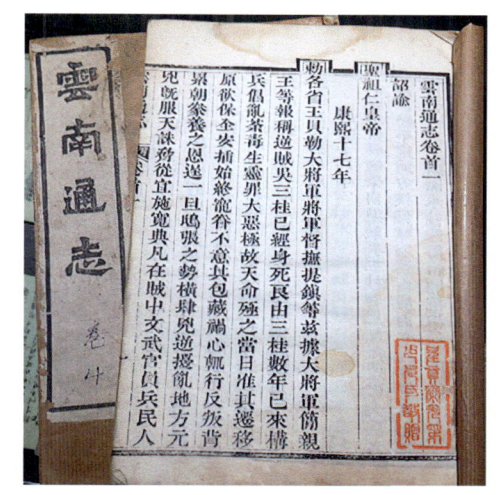

《云南通志》

在贵州一带，人们还称其为香麦。嘉靖年间的贵州《普安州志》"土产志"也有"麦，大、小、燕三种"的记述。道光二十一年（1841年）《遵义府志》"物产志"就谈到："燕麦，俗呼香麦，又呼油麦。作饼，人珍食之。"书中还说其种收时间比其他麦类稍迟："并八月种，四月收。惟香麦种收稍迟。"

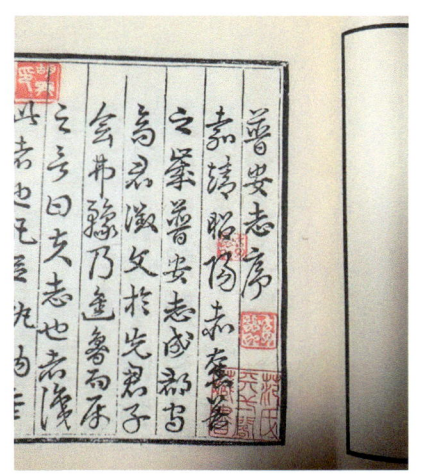

《普安志》

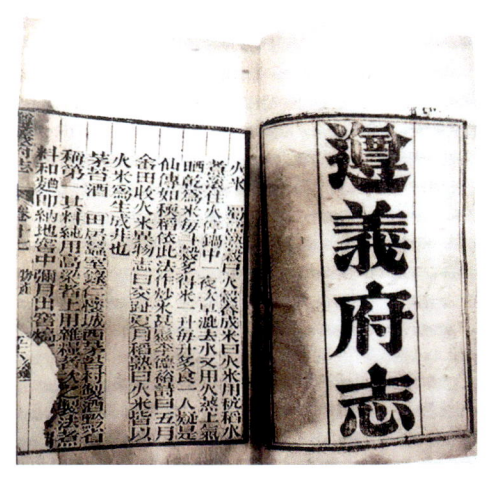

《遵义府志》

民国二十七（1938年）年完成的贵州《麻江县志》也有这样的记述："蕎，俗名燕麦，又曰香麦，或曰油麦，一作雀麦。《黔书》谓即楚麦。《内经》曰迦师。孟康《汉书注》为斯禾。即张华《博物志》之蒳草。状如麦，穗细长而疏，外皆糠稃，内有芥子一粒，色黄可食。炒熟磨屑，开水调食，味香。诸麦皆八月种，四月初熟，惟香麦种收稍迟。"

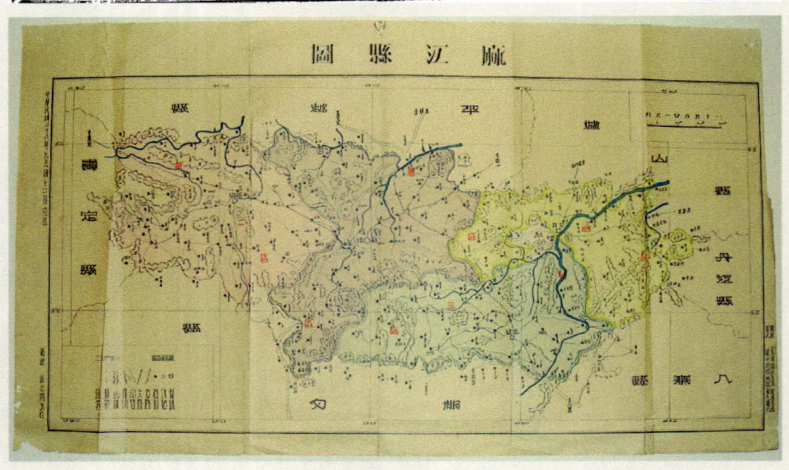

《麻江县志》

四川的郫县、城口县一带也成为燕麦的产地。嘉庆《郫县志》"物产志":"燕麦,俗名油麦,只可饲牛,不堪人食。"光绪三十二年(1906年)《越嶲厅志》"物产志"中看到的却是"燕麦产夷地,夷人用为糌粑"的情景。

《郫县志》

《越嶲厅志》

第五节　古代会泽燕麦种植

会泽县亦有悠久的燕麦种植史，清雍正十三年（1735 年），时任东川知府崔乃镛纂辑的《东川府志·物产》有这样的记载："大麦、小麦：东川府气候寒冷，不宜大、小麦，旧《志》载：麦地仅二十二顷八十三亩，……。燕麦：四乡八里皆产。"迄今已有 285 年了。会泽适宜燕麦生长的地域较为广泛，发展空间较大。资料显示，在 1952 年全县杂粮种植面积就达到 17.78 万亩，其中，燕麦种植近 6 万亩。

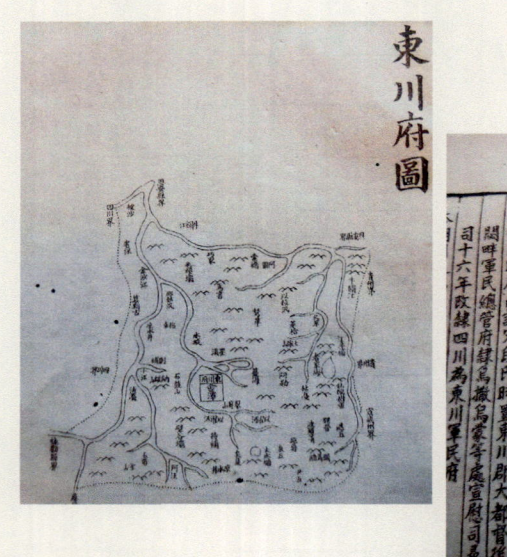
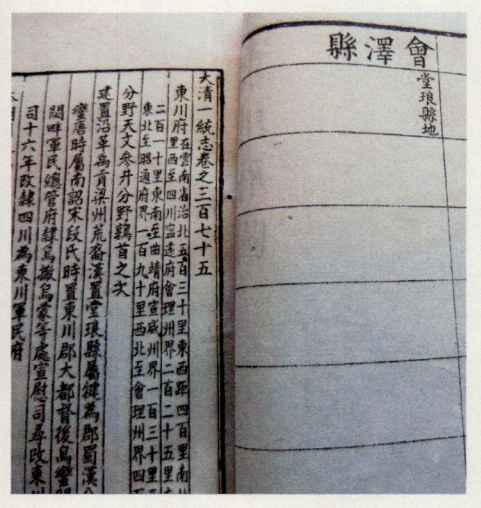

《东川府志·东川府图—会泽》

注：东川府：明洪武十五年(1382 年)改东川路置东川土府。治今会泽县。辖境相当今云南东川市及会泽、巧家二县。属云南省，洪武十七年改属四川省。清康熙三十八年(1699 年)改设流官，置东川府。雍正四年(1726 年)改属云南省，五年置会泽县于巧家汛，次年移县治于附郭。民国时候（1913 年），废除了东川府，并在这里设置了东川县，在 1929 年的时候，又改名为会泽县。

第二章

乌蒙山片区区位与农业资源特点

第一节 乌蒙山片区区位

乌蒙山片区范围包括四川、贵州、云南3省毗邻地区的38个县（市、区），其中，四川省13个县、贵州省10个县（市、区）、云南省15个县（市、区）（表2-1）。全片区总面积为10.7万平方千米。2010年年末，总人口2 292.0万人，乡村人口2 005.1万人，少数民族人口占总人口20.86%。其中，32个是国家扶贫开发工作重点县，6个省重点县。贫困积度深，人口增长快；生态脆弱，水土流失严重。

表2-1 乌蒙山片区行政区域范围

省域	市（州）域	县（市、区）域
四川省（13个）	泸州市	叙永县、古蔺县
	乐山市	沐川县、马边彝族自治县
	凉山彝族自治州	普格县、布拖县、金阳县、昭觉县、喜德县、越西县、美姑县、雷波县
	宜宾市	屏山县
贵州省（10个）	遵义市	桐梓县、习水县、赤水市
	毕节市	七星关区、大方县、黔西县、织金县、纳雍县、威宁彝族回族苗族自治县（含六盘水市钟山区大湾镇）、赫章县
云南省（15个）	昆明市	禄劝彝族苗族自治县、寻甸回族彝族自治县
	曲靖市	会泽县、宣威市
	昭通市	昭阳区、鲁甸县、巧家县、盐津县、大关县、永善县、绥江县、镇雄县、彝良县、威信县
	楚雄彝族自治州	武定县

第二节 乌蒙山区农业特点

一、农业基本情况

2010年年末,乌蒙山片区人均耕地0.77亩,有效灌溉面积占耕地仅25.31%,旱地占耕地面积比例高达84%,每公顷耕地拥有农机动力4.27千瓦,仅为全国平均水平的53.18%。主要粮食作物为马铃薯、玉米和小麦,人均粮食占有量340千克,低于全国平均水平49千克;人均肉类产量69.6千克,高于全国平均水平10千克。总人口2 277万人,乡村人口2 047万人,农民人均纯收入3 248元,仅及全国平均水平的54.8%。

该片区位于云贵高原与四川盆地结合部,属亚热带、暖温带高原季风气候,降水时空分布不均衡。山高路险,交通不便,生态环境脆弱,石漠化面积占国土面积16%,25°以上坡耕地占耕地总面积比重大,宜农宜牧,土地贫瘠,人均耕地少,土地生产力低。干旱、洪涝、风雹、凝冻、低温冷害、滑坡、泥石流等自然灾害频发。区内基础设施薄弱,水利设施薄弱,资源性缺水、工程性缺水问题突出。

二、农业资源特点

1. 农牧业发展的自然经济条件

（1）立体气候明显，生物多样性丰富　乌蒙山片区山地气候垂直差异和植物垂直分布较为明显，立体气候突出，特别是南方山地更为显著。一般山体由常绿阔叶林红壤、黄壤带—落叶、阔叶与常绿针叶、阔叶混交林黄棕壤带—矮林灌丛草甸带组成。部分山体从山脚到山脊先后可见亚热带、暖温带、中温带、寒温带和亚寒带的植物。复杂多样的小气候类型，有利于多种动植物的生长繁衍，生物多样性丰富。

（2）旱坡耕地比例大，人地矛盾突出　乌蒙山片区旱地比重大，山地面积广，坡耕地比重较大，地高水低，水土资源要素不匹配，山区部分大于25°的陡坡地仍在开垦种植。人均耕地不足 1 亩。如果综合考虑耕地质量因素，贫困地区人均耕地资源规模远低于全国平均水平，人地矛盾突出。

（3）农业生产方式落后，市场发育程度低　连片特困地区不少地方还处于以粮食生产为主的传统农业阶段，以自给性农产品生产为主，农产品出售量、外调量少，市场化水平和农产品商品率低。2010年，连片特困地区农林牧渔业收入占农村经济收入比重为54%，农业收入占农林牧渔业收入比重为63.31%，农业总产值占农林牧渔业总产值的比重为52.19%，上述几项指标明显高于全国平均水平。

2. 农牧业发展的突出困难和制约因素

（1）生态环境脆弱，自然灾害频发　片区地势起伏多变，坡度大，土层薄，生态系统比较脆弱，部分地区水土流失、土地沙化和石漠化、土壤和水体污染等生态环境问题严重。山区高温多雨，土壤有机质分解快，抗蚀能力弱，常年受暴雨冲刷，极易造成土壤侵蚀。

（2）农业投入严重不足，基础设施落后　由于自然、历史等多方面原因，片区农业基础设施建设历史欠账多，农业抵御自然灾害能力弱。耕地破碎分散，机耕道建设滞后，农业机械作业困难。多数农田水利基础设施还是20世纪50—70年代修建，年久失修，破损严重，服务功能退化，工程性缺水、资源性缺水问题突出。总体而言，片区农牧业生产大都还处于靠天吃饭的状态，生产水平低而不稳，生产发展与生态保护矛盾尖锐。

（3）产业链条短，组织化程度低　目前，片区农业生产在很大程度上仍延续传统的生产方式，一些地区甚至还处于原料直销阶段，产业链延伸不长，产品附加值低。农产品加工还以粗加工为主，精深加工产品少，农产品加工业值与农业产值之比远低于全国1.7∶1的水平。普遍缺乏有带动能力的种植大户、合作组织、龙头企业和生产基地，即使发展起来的一些农民专业合作组织和龙头企业，也普遍存在管理不规范，服务带动能力弱等方面的问题。

（4）农业效益较低，增收难度大　片区地块破碎，耕地零散分布，有的甚至1亩地分散到四五块，经营规模过小，加之劳动者素质普遍不高，农业科技应用和科技转化率低，生产经营粗放，难以形成规模效应，土地生产率和劳动生产率都低，农民增收空间有限。

3. 优势特色农业产业选择与布局

立足现有产业基础，以种养殖业和村寨居住区为主，重点发展绿色有机食品，建设酿酒专用粮、优质烤烟、中药材、山地马铃薯、蔬菜、竹林、油茶、茶叶、核桃、花椒、辣椒、苦荞、苹果、脐橙、生态畜牧业等区域性特色农业基地，推进设施农业建设，促进规模化、标准化、产业化发展（表2-2）。

表 2-2 乌蒙山片区特色农业基地布局

基地种类	基地范围
马铃薯生产基地	叙永县、古蔺县、马边县、布拖县、昭觉县、喜德县、越西县、美姑县、桐梓县、习水县、毕节县、大方县、黔西县、织金县、纳雍县、威宁县、赫章县、禄劝县、寻甸县、会泽县、宣威县、昭阳县、鲁甸县、巧家县、盐津县、大关县、永善县、镇雄县、彝良县、威信县
苦荞生产基地	普格县、布拖县、金阳县、昭觉县、喜德县、越西县、美姑县、毕节县、纳雍县、威宁县、赫章县、会泽县、鲁甸县、巧家县、永善县、镇雄县
花椒生产基地	普格县、布拖县、金阳县、昭觉县、喜德县、越西县、美姑县、雷波县、鲁甸县、巧家县、永善县
辣椒生产基地	赤水县、大方县、黔西县、会泽县、宣威县、鲁甸县、巧家县、盐津县、大关县、永善县、绥江县、镇雄县、彝良县、威信县
茶叶基地	叙永县、古蔺县、沐川县、屏山县、习水县、毕节县、大方县、纳雍县、威宁县
中药材基地	叙永县、古蔺县、沐川县、马边县、布拖县、昭觉县、喜德县、越西县、美姑县、雷波县、桐梓县、习水县、赤水县、大方县、黔西县、织金县、纳雍县、威宁县、赫章县、鲁甸县、巧家县、盐津县、大关县、永善县、绥江县、镇雄县、彝良县、威信县
肉类生产基地	宣威县、会泽县、寻甸县、镇雄县、威宁县、古蔺县、叙永县、习水县、昭阳县、禄劝县、武定县、巧家县、桐梓县、越西县、织金县、昭觉县、黔西县、美姑县、毕节县、屏山县、彝良县、赫章县、纳雍县、盐津县、永善县、沐川县、雷波县、鲁甸县
水产基地	寻甸县、会泽县、宣威县

三、会泽县区位与农业资源特点

1. 区位特点

会泽县隶属云南省曲靖市,位于云南省东北部,金沙江东岸,曲靖市西北部,地处北纬25°48′~27°04′,东经103°03′~103°55′。东邻云南省宣威市、贵州省毕节市威宁彝族回族苗族自治县,南与曲靖市沾益县、昆明市寻甸回族彝族自治县比邻,西接昆明市东川区、昭通市巧家县,北与昭通市鲁甸县接壤。

2. 农业资源特点

（1）**地形** 会泽县地处滇东北高原、乌蒙山主峰地段。高山谷深，沟壑纵横。山川相间排列，山区、河谷条块分布。会泽县地势西高东低，南起北伏，由西向东呈阶梯递减，最高峰大海梁子牯牛寨，海拔4 017米，为曲靖市最高峰，最低处为小江与金沙江交汇处，海拔695米，为曲靖市最低点，相对高差3 322.3米。县境东西最大横距84千米，南北最大纵距138千米，辖区面积5 854千米^2，山区占95.7%。

（2）**土壤** 会泽县由于地质地貌和森林覆盖低等原因，土壤冲刷流失严重。棕壤土、红壤土、紫色土土类面积5 114千米^2，占会泽县土壤面积的91%；会泽县耕地796千米^2，旱地占86%左右，棕壤土、红壤土、紫色土占一半。

（3）**气候** 会泽县属典型的温带高原季风气候，四季不明，夏无酷暑，冬季冷寒，但干湿分明。由于地处云贵高原乌蒙山脉主峰地段，又受金沙江及其支流纵切作用，县境内山峦起伏，河流纵横，深谷叠嶂，地形地貌复种多样，有"一山分四季，隔里不同天，山高一丈水冷三分"之称。立体气候特点明显，从南亚热带至寒温带气候均有分布（有中亚热带、北亚热带、南温带、中温带、北温带等气候类型）。年平均气温12.6℃，极端最高气温31.4℃（1958年6月1日），极端最低气温 −17℃（1999年1月9日）。年平均降水量817.7毫米。其中，高海拔地区年平均气温4.6℃，年降水量1 500毫米；低海拔地区年平均气温20.8℃，年降水量500毫米。年均无霜期210天。年平均日照数2 109.8小时。

自然灾害以干旱、倒春寒和8月低温为主，晚霜冻、洪涝、三秋连雨、冰雹、大风等局部发生。

（4）**生物资源** 主要农作物有玉米、水稻、马铃薯；经济作物有烤烟、土烟、油菜、花生、甘蔗、辣椒、魔芋等。生物资源丰富，其中，果树有7科16种，乔木树有49科85属119种，经济林木有32科56属116种；饲草有17科65种；中草药有69科160种；野生动物有49种。农作物从高寒山区的燕麦、荞麦、马铃薯到地热河谷的柑橘、甘蔗、花生、石榴等均能生长。其中，脱毒马铃薯、蔬菜、烤烟、辣椒为会泽县的四大优势农业产业。

第三章

会泽县燕麦种植

第一节 燕麦种植的历史

会泽县适宜燕麦生长的地域较为广泛，发展空间较大，种植区域主要分布在海拔2500米以上高寒冷凉地区，一年一熟，气候冷凉，空气湿度大，土壤松软，有利于燕麦生长。资料显示，1952年，会泽全县杂粮种植面积就达到17.78万亩，其中，燕麦种植近6万亩。20世纪80年代，燕麦种植面积1.5万亩左右，平均产量70千克/亩。90年代以来，为解决群众温饱问题，大力推广杂交玉米和脱毒马铃薯，燕麦种植面积逐渐减少。进入21世纪，燕麦种植面积0.8万亩，平均产量70千克/亩。加之传统种植的燕麦品种退化严重，种植方式落后，管理粗放，产量不高，加工转化率低，长期以来比较效益十分低下，常年种植面积仅在1万亩左右，主要分布在驾车县、大桥县、大海县等高海拔冷凉地区。

2007年，蚕豆、菜豆、荞麦、燕麦通过原农业部无公害农产品认证；2008年，燕麦、荞麦及产品升级为有机食品。

第二节 燕麦种植现状

一、冬闲田燕麦种植现状

2018年以来，为促进高寒冷凉区的特色产业发展，在曲靖市市委市政府和会泽县县委县政府的高度重视下，通过中国农业科学院唐华俊院士专家团队共引进坝莜、白燕、香燕、青燕和美燕等9个燕麦品种系列，共计30个品种，分别在大桥乡开展了春播、初夏播、仲夏播和秋播4个不同时期的试验。2018年春播燕麦，经7月底实收测产，坝莜18号、坝莜14号和坝莜1号产量分别为201.7千克/亩、200.1千克/亩和176.8千克/亩，其产量是本地燕麦产量（50.5千克/亩）的3.5~4倍；2018年秋播（10月

中下旬）燕麦，经 2019 年 5 月底实收测产，坝莜 14 号、坝莜 13 号、坝莜 18 号产量分别为 367 千克/亩、335.4 千克/亩和 312 千克/亩，产量是本地燕麦（50.5 千克/亩）的 2.9~3.4 倍。秋播坝莜 14 号、坝莜 13 号、坝莜 18 号，比本地燕麦分别增产 258.3 千克/亩、226.7 千克/亩和 203.3 千克/亩，平均增产 229.4 千克/亩，按 6 元/千克计算，新增产值平均为 1 376.4 元/亩。

在 2018 年春播和秋播的基础上，2019 年继续进行春播试种，经 7 月实收测产，坝莜 13 号、坝莜 1 号和坝莜 14 号产量分别为 329 千克/亩、309.9 千克/亩和 298 千克/亩，产量是本地燕麦（117.6 千克/亩）的 2.5~2.8 倍。比本地燕麦分别增产 211.4 千克/亩、192.3 千克/亩和 180.4 千克/亩，平均增产 194.7 千克/亩，按 6 元/千克计算，新增产值平均为 1 168.2 元/亩。

同时，2019 年 2 月继续对 8 个品种进行春播试验示范，观察其适应性和产量的稳定性。经现场实收测产，8 个参试品种生育期比地方种短 14~24 天，亩产 293.1~329 千克，较地方种亩增产 175.5~211.4 千克，产量增幅为 149.2%~180%。

2020 年 6 月 4—8 日，对 2019 年秋播燕麦不同海拔的 11 个示范田和农民自种燕麦田进行了实收测产。测产结果显示，马路乡平均燕麦产量 306.2 千克/亩，大桥乡 329.7 千克/亩，其中，四方地村亩产突破 450 千克，水营突破 400 千克。

2019 年，会泽县推广种植以优质高产燕麦为主的小杂粮 6.54 万亩，其中，燕麦 3.54 万亩，荞麦 3 万亩。燕麦春播 0.8 万亩，秋播 2.74 万亩；荞麦夏播 1.4 万亩，秋播 1.6 万亩。

二、冬闲田燕麦新品种的主要营养成分

2019年8月,中国农业科学院作物科学研究所谷物质量检测中心和农业农村部农产品及加工品质量监督检验测试中心(北京)对坝莜14号、坝莜18号、白燕2号和本地种4个燕麦样品进行检测。结果显示,坝莜14号具有高蛋白质、低脂肪,富含氨基酸、β-葡聚糖(水溶性膳食纤维)及微量元素锌、硒的特点,具有保健食疗作用。

冬闲田燕麦不仅具有较高的食用价值,而且也具有较高的饲用价值(表3-1、表3-2),平均干草产量813.4千克/亩,其秸秆也是很好的饲草。

表 3-1 会泽县饲草燕麦产量性状

品种	株高(厘米)	鲜草产量(千克/亩)	干草产量(千克/亩)
牧王	126.22	3 622.92	689.28
美达	171.05	3 416.71	756.12
爱沃	112.47	4 797.40	961.38
燕王	142.47	5 294.31	941.86
太阳神	179.22	3 273.30	723.47
领袖	126.07	2 878.10	808.88
本地燕麦	148.67	1 720.86	558.27

注:2018年8月12日刈割——春播燕麦场景

表 3-2　会泽县粮饲兼用燕麦产量

品种	株高（厘米）	鲜草产量（千克/亩）	干草产量（千克/亩）
香燕 8 号	150.6	3 515.09	773.32
蒙科 2 号	152.3	4 650.11	1 023.02
平均	151.5	4 082.60	898.17

 乌蒙山燕麦

第三节　燕麦发展历程

会泽县燕麦发展经历了 20 世纪 50 年代的大发展—80 年代的缓慢发展—90 年代的缩减发展—21 世纪 20 年代初再次大发展的历程。

1952 年
种植面积近 6 万亩

20 世纪 80 年代
种植面积 1.5 万亩左右，平均产量 70 千克/亩

20 世纪 90 年代
种植面积逐渐减少，常年保持 1 万亩左右

21 世纪初
种植面积 0.8 万亩，平均产量 70 千克/亩

2007 年
通过原农业部无公害农产品认证

第三章 会泽县燕麦种植

2008年：燕麦及其产品升级，获得有机食品认证

2017年：中国工程院、中国农业科学院院士团队入驻

2018年：春播燕麦产量突破200千克/亩；秋播燕麦产量高达367千克/亩。推广面积达3万多亩

2019年：秋播燕麦5万多亩，平均产量329.7千克/亩，局部突破400千克/亩，最高达450千克/亩

2020年：秋播燕麦种植面积大幅增加超过10万亩

乌蒙山燕麦

自中国工程院挂钩帮扶云南省曲靖市会泽县以来，为攻克贫困山区深度贫困堡垒，加快群众脱贫步伐，夺取脱贫攻坚总攻的全面胜利。中国工程院领导及院士（专家）团队多次深入会泽县开展调研，建立帮扶纽带、研究脱贫规划、实施产业扶贫、提供人才支持和智力支撑。中国工程院院长李晓红，副院长邓秀新、何华武，秘书长陈建峰，中国工程院院士唐华俊、陈剑平、李玉、朱有勇、康绍忠、邹学校、罗锡文、李天来、宋宝安、张守攻、张佳宝、刘仲华、李培武、胡培松、吴志强，中央纪委国家监委驻科技部纪检监察组汲传峰、邢波，中国工程院办公厅宋德雄、梁晓捷、吴晓东、李冬梅等领导、专家先后到大桥乡调研脱贫攻坚工作，并结合大桥乡海拔、气候、土壤等方面特点，确立了引进优质高产燕麦与荞麦新品种试验示范，提供了发展高原特色小杂粮种植促进农民增收的好思路。

2017年年底，在中国工程院的关心帮助下，唐华俊院士团队成员首次来到会泽县大桥乡，在县委常委、县政府副县长王波和时任大桥乡党委书记饶彦章的陪同下，考察调研燕麦种植。

第三章 会泽县燕麦种植

　　会泽县燕麦产业发展也受到云南省、市、县各级领导的重视，云南省人民政府省长王予波，云南省副省长董华，云南省科技厅厅长董保同，省科技厅副厅长阮朝奇，省委党委、曲靖市委书记李文荣，曲靖市委副书记、市长李石松，曲靖市政协副主席展宏斌，曲靖市委常委、组织部部长王刚，曲靖市委常委、副市长谷超灵，曲靖市人大常委会主任朱兴友，曲靖市农业农村局局长罗芳，会泽县委书记谭力华，会泽县县长孙荣祥，会泽县县委副书记杨军，会泽县副县长王志燕等领导多次深入会泽县燕麦种植区视察、调研、指导燕麦种植，并在人才、科研、政策、经费等方面给予全方位扶持。

2018年10月，会泽县大桥乡正式开展燕麦引种试验，并在杨梅山村建立燕麦科技试验示范基地。

第四节　发展冬闲田燕麦的意义及优势

一、发展冬闲田燕麦产业的意义

1. 经济价值高

会泽县是高寒冷凉山区农业大县,发展燕麦有利于增加粮食产量,确保粮食生产稳居全省前三位,山区农民通过燕麦新品种的推广,增加了产量亦可增加经济收入。一是利用冬闲田发展秋播燕麦种植可增加一季收入。会

泽县高海拔地区的冬闲田常年种植蔓菁、萝卜和绿肥等低产出作物，通过调整种植业结构，发展燕麦产业，可增加土地产出率和资源利用率。根据2018—2019年燕麦新品种试验数据，按平均亩产300千克，市场价7元计算，亩产值可达2 100元，15万亩可实现收入3.15亿元以上。二是比较效益较高。与种植马铃薯相比，产值相当，但成本相对低得多，种植马铃薯每亩投入种子、肥料、农药等农用物资成本在600元左右，种植燕麦每亩投入种子、肥料等农用物资成本在300元左右，两者相比种植燕麦可节省农用物资成本300元左右；与种植玉米相比，玉米每亩按500千克，每千克2元计算，亩产值1 000元，燕麦亩产值2 000元以上，两者相比，种植燕麦每亩可增加收入1 000元以上。

2. 用途范围广

燕麦是高寒冷凉地区的粮食作物之一，也是农村饲养家畜的优质饲料。燕麦籽粒富含蛋白质、氨基酸和多种抗氧化成分，秸秆多汁柔嫩，含丰富的营养物质，相对饲喂价值高（表3-3），适口性好，是饲养幼畜、育肥的优质饲料。

表3-3 会泽县饲草燕麦营养品质 （单位：%）

品种	粗蛋白	中性洗涤纤维	酸性洗涤纤维	相对饲喂价值
坝燕3号	9.37	57.72	33.23	101.57
坝燕4号	7.00	62.36	32.92	94.36
魅力	8.91	59.42	32.10	100.02
牧王	11.20	56.80	30.33	106.90
美达	8.09	57.72	33.08	101.74
贝勒2	10.94	37.51	20.30	181.27
爱沃	6.67	54.85	31.34	109.36
燕王	8.60	57.91	32.54	102.08
太阳神	7.58	58.62	32.12	101.38
领袖	6.87	53.73	28.41	115.59
贝勒	8.63	51.13	27.16	123.23
本地燕麦	4.24	49.05	24.81	131.95

注：2018年8月12日刈割。

燕麦饲草既可调制干草，又可调制成青贮饲料。通过发展燕麦产业，将极大地促进当地畜牧业的发展，确保会泽县作为全国生猪调出大县、云南省牛羊数量第一的领先地位。

3. 生态价值高

燕麦出苗后有 45~60 天的蹲苗期，根系得到了充分的发育，形成了强大的根系，增加了抗寒能力，同时也增加了燕麦的分蘖数，这可能是形成高产的原因之一。

燕麦具有耐瘠、耐寒、耐旱的生物学特性，其须根发达，分蘖能力强，抗病虫害、抗杂草等性能较强，种植燕麦能有效阻遏水土流失，减少土壤水分无效蒸发和地表径流，荒沟、荒坡以及高寒冷凉地区均可种植燕麦。会泽县属高寒冷凉地区，地下水资源贫乏，冬春干旱，夏秋雨水丰沛，种植燕麦不仅可以解决雨养条件下养殖业牧草问题，还可以有效协调农业生态和与可持续发展问题。

4. 改变了传统种植模式

在会泽县加大燕麦新品种的示范推广力度，建立燕麦产业推进山区粮经复合、种养循环农业的示范区，为曲靖市高寒冷凉地区找到一条适合高原特色农业发展、生态与农业协调发展、促进贫困户脱贫增收的新路子。秋燕麦+夏马铃薯种植模式，主要是10月下旬至11月初种植燕麦，翌年6月初种植马铃薯，收获后再种燕麦，形成"秋燕麦—夏马铃薯—秋燕麦"的循环模式。通过改变种植方式，不仅提高了燕麦产量，而且也增加了马铃薯的产量。"秋燕麦+夏马铃薯"是传统种植模式的变革，是农业科技的创新，也是科技成果落地的体现。该种植模式，一是使会泽高寒冷凉山区由传统的一年一茬，变为一年两茬，提高了复种指数和土地的利用率；二是充分利用冬闲田种植燕麦，减少了与主要作物争用耕地的问题；三是增加了冬闲田的覆盖，并减少了面源污染（燕麦、马铃薯均不使用地膜），改善了生态环境；四是为会泽县发展燕麦、马铃薯产业，实现"种好一亩地，脱贫一个人"的目标踏出一条新路。

二、冬闲田燕麦产业发展优势

1. 资源优势

土地确权数据表明,会泽县现有耕地面积198万亩,冬闲田资源丰富,海拔2 500~2 800米适宜种植燕麦的耕地在20万亩左右,3—5月日照逐渐延长,温度逐渐升高,且无30℃以上高温,基本无连绵阴雨天气,对燕麦的孕穗、灌浆成熟和干物质积累非常有利。燕麦抗旱、抗寒、耐瘠改土壤的特性以及防风抗蚀保水土的特性,发展冬闲田燕麦,不与主要粮食作物玉米、荞麦和马铃薯等争夺耕地,且可以与玉米、马铃薯、荞麦和烤烟进行轮种,大大提高了耕地利用率,而且燕麦种植投入少,需肥不高,种植方式简单,因此,发展秋播燕麦对解决全县冬闲田利用和耕地轮作问题,具有重要意义。

第三章 会泽县燕麦种植

烤烟冬闲田

荞麦冬闲田

玉米冬闲田

水稻冬闲田

 乌蒙山燕麦

2. 市场优势

1997年,美国食品药品监督管理局(FDA)认定燕麦为功能性食物,因其具有降低胆固醇、平稳血糖的功效。美国《时代》杂志评选的"全球十大健康食物"中,燕麦位列第五,是唯一上榜的谷类。在中国人日常食用的小麦、稻米、玉米等9种食粮中,燕麦的经济价值最高。燕麦也是被营养学界一致认可的营养主粮,每日摄入约70克纯燕麦片,再配合低脂、低胆固醇饮食,可帮助降低胆固醇,从而降低心脏疾病的风险,燕麦中的β-葡聚糖可减缓血液中葡萄糖含量的增加,预防和控制肥胖症、糖尿病及心血管疾病。目前国内市场需求空间较大。

另外，燕麦是优质饲草，对奶牛来说，更是最佳饲草。云南省、四川省奶牛养殖场每年需要大量的燕麦饲草，从国外或我国北方调运，运输成本极高，致使奶牛养殖成本居高不下。会泽县距昆明、大理等地大型奶牛养殖场近，燕麦草具有运输成本低的优势。此外，肉牛和肉羊养殖业正在云南省悄然兴起，届时将有需要大量的优质饲草，因此，燕麦产业发展潜力巨大。

5月中旬割晒的燕麦饲草

3. 政策优势

2018年，国务院《关于推进奶业振兴保障乳品质量安全的意见》（国办发〔2018〕43号）明确指出，"促进优质饲草料生产。推进饲草料种植和奶牛养殖配套衔接，就地就近保障饲草料供应，实现农牧循环发展。""推广粮改饲，发展青贮玉米、燕麦草等优质饲草料产业，推进饲草料品种专业化、生产规模化、销售市场化，全面提升种植收益、奶牛生产效率和养殖效益。"

2020年，国务院《关于促进畜牧业高质量发展的意见》（国办发〔2020〕31号）强调降低奶牛饲养成本，明确提出"大力发展优质饲草业。推进农区种养结合，探索牧区半放牧、半舍饲模式，研究推进农牧交错带种草养牛，将粮改饲政策实施范围扩大到所有奶牛养殖大县""（五）健全饲草料供应体系，因地制宜推行粮改饲，增加青贮玉米种植，提高苜蓿、燕麦草等紧缺饲草自给率"

国务院办公厅关于推进奶业振兴保障乳品质量安全的意见

国办发〔2018〕43号

各省、自治区、直辖市人民政府,国务院各部委、各直属机构:

奶业是健康中国、强壮民族不可或缺的产业,是食品安全的代表性产业,是农业现代化的标志性产业和一二三产业协调发展的战略性产业。近年来,我国奶业规模化、标准化、机械化、组织化水平大幅提升,龙头企业发展壮大,品牌建设持续推进,质量监管不断加强,产业素质日益提高,为保障乳品供给、促进奶农增收作出了积极贡献,但也存在产品供需结构不平衡、产业竞争力不强、消费培育不足等突出问题。为推进奶业振兴,保障乳品质量安全,提振广大群众对国产乳制品信心,进一步提升奶业竞争力,经国务院同意,现提出以下意见。

一、总体要求

(一)指导思想。全面贯彻党的十九大和十九届二中、三中全会精神,以习近平新时代中国特色社会主义思想为指导,认真落实党中央、国务院决策部署,统筹推进"五位一体"总体布局和协调推进"四个全面"战略布局,坚定不移贯彻新发展理念,按照高质量发展的要求,以实施乡村振兴战略为引领,以优质安全、绿色发展为目标,以推进供给侧结构性改革为主线,以降成本、优结构、提质量、创品牌、增活力为着力点,强化标准规范、科技创新、政策扶持、执法监督和消费培育,加快构建现代奶业产业体系、生产体系、经营体系和质量安全体系,不断提高奶业发展质量效益和竞争力,大力推进奶业现代化,做大做强民族奶业,为决胜全面建成小康社会提供有力支撑。

（二）基本原则。

创新驱动，绿色发展。强化科技创新，推动管理制度改革，推进节本增效，提高奶业综合生产能力。因地制宜，合理布局，种养结合，草畜配套，促进养殖废弃物资源化利用，推动奶业生产与生态协同发展。

利益联结，共享共赢。坚持产业一体化发展方向，延伸产业链，建立奶农和乳品企业之间稳定的利益联结机制，推进形成风险共担、利益共享的产业格局，增强奶农抵御市场风险的能力，实现一二三产业协调发展。

问题导向，重点攻关。针对当前奶业发展不平衡不充分的问题，以关键环节和重点难点为突破口，着力提高奶业供给体系的质量和效率，提升乳品质量安全水平，更好适应消费需求总量和结构变化。

市场主导，政府支持。处理好政府与市场的关系，充分发挥市场在资源配置中的决定性作用，强化乳品企业市场主体作用，优化资源配置，增强发展活力。更好发挥政府在宏观调控、政策引导、支持保护、监督管理等方面的作用，维护公平有序的市场环境。

（三）主要目标。到2020年，奶业供给侧结构性改革取得实质性成效，奶业现代化建设取得明显进展。奶业综合生产能力大幅提升，100头以上规模养殖比重超过65%，奶源自给率保持在70%以上。产业结构和产品结构进一步优化，婴幼儿配方乳粉的品质、竞争力和美誉度显著提升，乳制品供给和消费需求更加契合。乳品质量安全水平大幅提高，产品监督抽检合格率达到99%以上，消费信心显著增强。奶业生产与生态协同发展，养殖废弃物综合利用率达到75%以上。到2025年，奶业实现全面振兴，基本实现现代化，奶源基地、产品加工、乳品质量和产业竞争力整体水平进入世界先进行列。

（以下内容略）

关于促进畜牧业高质量发展的意见

国办发〔2020〕31号

各省、自治区、直辖市人民政府，国务院各部委、各直属机构：

畜牧业是关系国计民生的重要产业，肉蛋奶是百姓"菜篮子"的重要品种。近年来，我国畜牧业综合生产能力不断增强，在保障国家食物安全、繁荣农村经济、促进农牧民增收等方面发挥了重要作用，但也存在产业发展质量效益不高、支持保障体系不健全、抵御各种风险能力偏弱等突出问题。为促进畜牧业高质量发展、全面提升畜禽产品供应安全保障能力，经国务院同意，现提出如下意见。

一、总体要求

（一）指导思想。全面贯彻党的十九大和十九届二中、三中、四中全会精神，认真落实党中央、国务院决策部署，牢固树立新发展理念，以实施乡村振兴战略为引领，以农业供给侧结构性改革为主线，转变发展方式，强化科技创新、政策支持和法治保障，加快构建现代畜禽养殖、动物防疫和加工流通体系，不断增强畜牧业质量效益和竞争力，形成产出高效、产品安全、资源节约、环境友好、调控有效的高质量发展新格局，更好地满足人民群众多元化的畜禽产品消费需求。

（二）基本原则。

坚持市场主导。 以市场需求为导向，充分发挥市场在资源配置中的决定性作用，消除限制畜牧业发展的不合理壁垒，增强畜牧业发展活力。

坚持防疫优先。 将动物疫病防控作为防范畜牧业产业风险和防治人畜共患病的第一道防线，着力加强防疫队伍和能力建设，落实政府和市场主体的防疫责任，形成防控合力。

坚持绿色发展。统筹资源环境承载能力、畜禽产品供给保障能力和养殖废弃物资源化利用能力，协同推进畜禽养殖和环境保护，促进可持续发展。

坚持政策引导。更好发挥政府作用，优化区域布局，强化政策支持，加快补齐畜牧业发展的短板和弱项，加强市场调控，保障畜禽产品有效供给。

（三）发展目标。畜牧业整体竞争力稳步提高，动物疫病防控能力明显增强，绿色发展水平显著提高，畜禽产品供应安全保障能力大幅提升。猪肉自给率保持在95%左右，牛羊肉自给率保持在85%左右，奶源自给率保持在70%以上，禽肉和禽蛋实现基本自给。到2025年畜禽养殖规模化率和畜禽粪污综合利用率分别达到70%以上和80%以上，到2030年分别达到75%以上和85%以上。

二、加快构建现代养殖体系

（四）加强良种培育与推广。继续实施畜禽遗传改良计划和现代种业提升工程，健全产学研联合育种机制，重点开展白羽肉鸡育种攻关，推进瘦肉型猪本土化选育，加快牛羊专门化品种选育，逐步提高核心种源自给率。实施生猪良种补贴和牧区畜牧良种补贴，加快优良品种推广和应用。强化畜禽遗传资源保护，加强国家级和省级保种场、保护区、基因库建设，推动地方品种资源应保尽保、有序开发。（农业农村部、国家发展改革委、科技部、财政部等按职责分工负责，地方人民政府负责落实。以下均需地方人民政府落实，不再列出）

（五）健全饲草料供应体系。因地制宜推行粮改饲，增加青贮玉米种植，提高苜蓿、燕麦草等紧缺饲草自给率，开发利用杂交构树、饲料桑等新饲草资源。推进饲草料专业化生产，加强饲草料加工、流通、配送体系建设。促进秸秆等非粮饲料资源高效利用。

（以下内容略）

4. 生产优势

燕麦为会泽县的传统作物，农民有种植燕麦的习惯和技术，可实现千家万户参与燕麦种植和产业发展。冬闲田燕麦只是将春季播种改为秋季播种。采用燕麦新品种、种植新技术后，使得较为低产量春季播种燕麦，由50~70千克/亩提高到300千克/亩以上，最高农户可达420千克/亩。冬闲田燕麦也表现出明显的产量优势，利用会泽县主要农作物玉米、水稻、荞麦、马铃薯和经济作物烤烟、土烟、油菜、花生、甘蔗、辣椒、魔芋、蔬菜等的冬闲田，改燕麦春播为秋播，由传统的一年一茬改为一年两茬，实现同一块地的一年两收，避免了因种植燕麦与主要作物争地的矛盾，使得冬闲田燕麦表现出了明显的土地利用优势。燕麦耐寒耐旱，耐瘠薄，特别是10月至翌年5月，属于旱季，有利于燕麦生长，11月的低温更有利于燕麦蹲苗根系生长，提高燕麦根系吸收水分和养分的能力，增加燕麦的耐寒耐旱能力，为燕麦高产奠定基础。同时，每年降水少、风小，燕麦不易倒伏，为燕麦高产稳产提高了条件，避免了北方燕麦因倒伏造成的损失，特别是饲用燕麦，5月中下旬收割时，多晴天，在割晒期间燕麦不会被雨淋，有利于调制出优质燕麦干草。

第四章

燕麦的适应性及对环境条件的要求

第一节 常见燕麦种类

燕麦为粮饲兼用型植物。在栽培中常见的有两种,一种为皮燕麦,即燕麦（*Avena sitiva*）,俗称饲用燕麦；另一种为裸燕麦,北方俗称莜麦（*Avena muda*）,为食用型,亦可作饲草云贵地区的燕麦即是此。

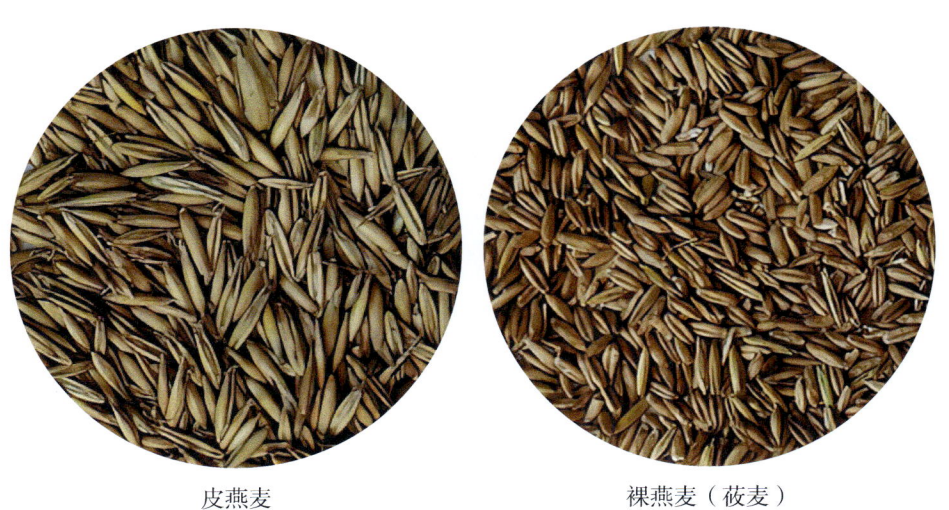

皮燕麦　　　　　　　　裸燕麦（莜麦）

皮燕麦种子与裸燕麦（莜麦）种子

饲用型燕麦

第四章 燕麦的适应性及对环境条件的要求

食用型燕麦（莜麦）

第二节 燕麦的适应性

燕麦具有喜凉、耐寒、抗旱、耐瘠薄等特性,为长日照物植物,草本须根,要求积温较低,能够在无霜期短,气候冷凉的高寒山区正常生长。

第四章 燕麦的适应性及对环境条件的要求

会泽县为低纬度、高海拔地区，一般海拔在2000~3000m，气候凉爽，年平均气温4~12.7℃，1月最低气温1.6℃，极端最低温度-15.3℃，是进行燕麦秋播夏收的理想区域。经过3年多的试种和示范，会泽县秋播燕麦生育期在200天以上，即10月中下旬播种，翌年5月末至6月上中旬收获。

燕麦引种圃

 乌蒙山燕麦

燕麦大田

第四章　燕麦的适应性及对环境条件的要求

高海拔雪中的燕麦大田

乌蒙山燕麦

第三节 对环境条件的要求

一、水分

燕麦是喜湿性作物，吸收、制造和运输养分，都是靠水分来进行，维持液泡膨胀也靠大量水分。若严重缺水，燕麦就会呈萎蔫状，甚至停止生长而死亡。因此，水分多少与燕麦生长发育关系极大。研究表明，燕麦分蘖至抽穗期间耗水量占全生育期的70%，苗期仅占9%，灌浆期和成熟期占20%，如果在关键时期缺水，就会造成严重减产。

燕麦生长在高寒冷凉区，种子发芽约需相当于自身重量65%的水分。秋播若温度和土壤水分适宜，一般4~5天种子可以发芽，10天左右出土。燕麦蒸腾系数为474，低于小麦（513），高于大麦（403）。燕麦叶面蒸发量大，但在干旱情况下，调节水分的能力很强，可以忍耐较长时间的干旱。

燕麦从分蘖到拔节阶段最怕干旱缺水。幼穗分化前，干旱对燕麦生长发育虽有一定的影响，只要以后进行灌溉或有下雨还可以恢复生长。但是，如果分蘖到拔节阶段遇到干旱，即使后期满足供水，对穗长、小穗数和小花数的影响也是难以弥补的。拔节到抽穗，是燕麦一生中需水量最大、最迫切的时期，燕麦的小穗和粒数，大都是这个时期决定的。若水分缺乏，结实器官的形成就会受到影响。这就是农谚所说的"麦要胎里富""最怕卡脖旱"的道理所在。

开花灌浆期是决定籽粒饱满与否的关键时期。与前两个阶段相比，开花灌浆期需水少了些，但由于营养物质的合成、输送和籽粒形成，仍然需要有一定的水分。

灌浆后期至成熟，对水分要求明显减少，其特点是喜晒怕涝。日照充足有利灌浆和早熟。若多雨或阴雨连绵，对燕麦成熟不利，往往造成贪青徒长

晚熟。阴雨连绵后烈日暴晒，地面温度骤升，水分蒸发强烈，就会造成生理干旱，出现"火烧"现象。

会泽县秋播燕麦的整个生长周期皆为旱季，风大、降水少。干旱是制约会泽县冬闲田秋播燕麦生长发育的重要因素。好在燕麦根系发达，具有较强的汲取更多水分的能力，2019年，会泽县在连续多年冬春干旱的自然气候条件下示范种植的燕麦表现出了很强的抗旱性，获得了丰收。

二、温度

燕麦对温度要求不严格，喜欢凉爽的气候，整个生长期需要≥10℃的有效积温1 500~1 900℃。它在各个生长阶段内对温度的要求和需水规律相似，即前期低，中期高，后期低。燕麦的发育起点温度2~3℃，所以，种子在2~3℃时即可发芽，幼苗期燕麦可耐受-3℃~4℃的低温，因此，在会泽县连续2年的秋播燕麦试种示范与大田种植中均未发生燕麦冻害。

苗期因温度低，燕麦生长缓慢，出苗至分蘖，适宜温度为15℃，地温为17℃。拔节至孕穗，需要较高的温度，以利燕麦迅速生长发育，建成营养生长器官。适宜的平均温度为20℃。在这样的条件下，燕麦生长迅速，茎秆粗壮。若温度超过20℃，则会引起花梢的发生。燕麦抽穗适宜温度为18℃；开花期适宜温度为20~24℃，需要湿润而无风的天气。

灌浆后要求白天温度高，夜间温度低，使养分消耗少，有利于干物质的积累，促进籽粒饱满，此时平均气温以14~15℃为宜。如遇高温干旱或干热风，即使是一个很短的时间，也会影响营养物质的输送，限制籽粒灌浆，加速种子干燥，引起过早成熟，造成籽粒瘪瘦或者有铃无粒，严重减产。

由此可见，燕麦对温度较为敏感。在整个生育过程中，最高温度不能超过30℃，若超过30℃，经4~5小时，气孔就萎缩，不能自由开闭。特别是抽穗期、开花期、灌浆期间若遭受到高温的危害，就会导致结实不良，瘪种子数量（空瘪率）增加。会泽县地处乌蒙高寒冷凉山区，整个秋播燕麦生长发育过程中，很少会遭遇超过30℃以上的高温天气。

三、光照

　　燕麦为春化阶段较短、光照阶段较长的作物，必须要有充足的光照，才能充分进行光合作用，制造营养物质，满足生长发育的需要。合适的光照，就是既要保证营养生长时间，又要给开花灌浆到成熟留下足够的时间。会泽秋播燕麦营养生长期较长，进入3月中下旬随着气温的回升，日照也在延长，此时燕麦进入生殖生长阶段，有利于燕麦的开花灌浆及种子成熟。

　　明确了燕麦对光照的要求，在燕麦田的管理中，就要积极改善光照条件，提高光合作用效率，创造适宜燕麦高产的光照条件。例如，苗期及早中耕、锄草，可以避免杂草与燕麦争光、争肥、争水的矛盾，合理密植，使个体和群体都得到良好的发育。

第四章 燕麦的适应性及对环境条件的要求

四、土壤

与小麦或大麦相比，燕麦对土壤要求更低。燕麦可以很好地利用土壤中矿物质化的氮素，具有耐酸性土壤的特性。大约亩产种子200千克和秸秆250千克时，燕麦要从土壤中吸收氮素6千克、磷2千克、钾5千克。

燕麦是"胎里富"作物，为喜氮作物，因此，施氮后，增产效果明显。若氮素缺乏，则茎叶枯黄，光合作用功能低，制造和积累营养物质少，造成燕麦生长不良。一般在分蘖前，植株矮小，生长缓慢，需氮量少，从分蘖到抽穗需氮量明显增加。氮肥充足，则燕麦穗大，叶片深绿，光合作用强、铃多、粒多。抽穗后需氮量减少，因此孕穗期适当追施速效氮肥，可弥补氮肥的不足。

磷是重要营养元素，能促进根系发育，增加分蘖，促进籽粒饱满和提前成熟，提高产量。有磷则根系发达，植株健壮；磷缺乏则苗小、苗弱、生长缓慢。磷具有促进燕麦吸收氮的作用，因此，氮、磷结合施用比二者单施增产效果更好。磷肥在生长前期施用，能够参与抽穗后穗部的生理活动，到生长后期追施磷肥，则大多留于茎叶营养器官之内。所以，磷肥多用于底肥、种肥，而不用于追肥。

钾是构成燕麦茎秆和种子的重要营养元素。缺钾，燕麦表现出植株矮小、底叶发黄、茎秆软弱，不抗病、不抗倒伏。燕麦需钾时期为拔节后至抽穗前，抽穗以后逐渐减少。因此，钾肥应在播种前施足。农家肥是全效性肥料，氮、磷、钾三要素相当丰富，所以在整地时要施足农家肥。

除氮、磷、钾外，燕麦还需要少量的钙、镁、铁等微量元素。因为用量少，农家肥料中含有，就不再专门施用了。

第四节 燕麦的生长发育

一、燕麦生长发育阶段

燕麦的生长发育过程，可分为营养生长和生殖生长2个阶段或营养生长和生殖生长属重叠3个阶段。

营养生长阶段，就是从出苗到抽穗阶段，主要是生长根、茎、叶，建造植物体本身。

生殖生长阶段，就是从分蘖拔节以后，生长点开始幼穗分化，到抽穗开花，直至种子成熟。

燕麦的营养生长和生殖生长属重叠型（或称为营养生长与生殖生长并进阶段），这2个阶段并不是截然分开的，而是相互交错，互为因果的。没有营养生长阶段，就不会有生殖生长阶段，而生殖生长又是营养生长的必然。燕麦的生长发育，具体可分为发芽与出苗、分蘖与扎根、拔节、抽穗、开花和灌浆与成熟。

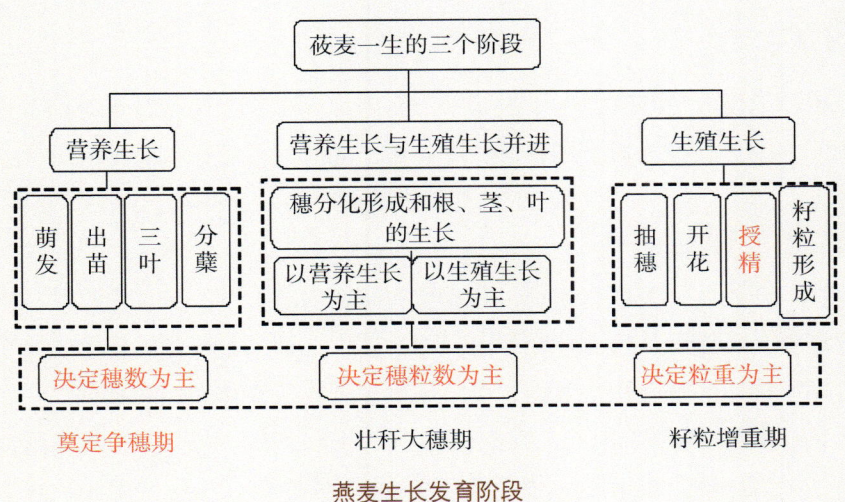

燕麦生长发育阶段

乌蒙山燕麦

二、燕麦生长发育各阶段

 发芽与出苗

燕麦种子获得充分的水分、温度和空气等条件后，就开始萌动。首先，胚生长胚根，胚根萌发，突破根鞘，长出 3 条初生根，然后从胚芽部分生出幼芽。一般播种后 6~8 天（有时延迟到 15 天），芽露出地面，生长点顶部裂开，向外长出第一片子叶，成为出苗。

 分蘖与扎根

燕麦出苗后，三叶末期开始分蘖。开始分蘖时，植株生长缓慢，而地下部分的根系生长加快，在基节外形成次生根。燕麦的主秆地下部分各节都能分蘖，因此叫分蘖节。分蘖节所处位置称为分蘖位。分蘖位较低的，分蘖发生较早，秆高穗大；分蘖位较高的，分蘖较晚，往往秆细穗小，成熟延后，甚至不能抽穗。分蘖数相等的情况下，分蘖位越低，则收量就越大。

 拔　节

植株出现 5 片叶时，主干的第一节露出地面 1.5~2 厘米，这时用手可以摸到膨大的节，称为拔节期，从分蘖到拔节的时间很短，只有 15~20 天。

抽　穗

拔节开始后，茎迅速生长，燕麦穗在叶鞘内随着茎的伸长而移动，同时也逐渐长大，最后从顶部叶鞘伸出，即抽穗，抽穗期是燕麦发育中的一个重要时期。抽穗的时期和一致性，可以预测燕麦收获期和产量的高低。

从分蘖到抽穗期间，燕麦的生殖生长处于幼穗分化阶段。燕麦出苗后 20 天，在茎伸长的同时，开始了幼穗的分化和伸长。茎秆长出 4 片叶的时

候，穗的生长点开始延长，由长茎叶的营养生长，转变为分化生殖器官——穗和花的生殖生长，这是一个质的变化。

拔节到抽穗是燕麦生长的重要阶段，是决定每亩穗粒数和不孕小穗的关键时期，此时追肥灌水不仅能提高成穗率，而且可以减少不孕小穗，提高每穗结实率。燕麦从拔节期开始，需水量迅速增加，至抽穗期到达高峰，特别是抽穗前12~15天是需水"临界期"，此时若遭遇干旱会大幅度减产，如水太多，氮肥营养过量，也会引起茎叶过分繁茂，造成贪青徒长，甚至会引起倒伏。

开　花

燕麦是自花授粉作物，在穗子尚未全部抽出时即可开花。燕麦穗开花的顺序是先主茎，后分蘖茎。

灌浆与种子成熟

灌浆结实与成熟的顺序同开花一样，也是自上而下，即穗顶部的小穗先成熟，下部的小穗后成熟。每一小穗中的籽实也是基部的籽实先成熟，末端的后成熟。这样就使一穗上的籽粒成熟颇不一致，农民把这种成熟过程叫作"花铃期"。当花铃期过后，穗下部籽粒进入蜡熟时就可以收获了。一般来说，燕麦由乳熟至蜡熟的过程较快，特别是蜡熟期所经历的时间更短。

与拔节抽穗阶段相比，开花成熟阶段需水量明显减少，但营养物质的合成、输送和籽粒形成，仍需要一定的水分，才能保证籽实的饱满。

三、会泽县秋播燕麦生长发育

会泽县燕麦以秋播为主,一般在 10 月中下旬至 11 月上旬播种,如 10 月 20 日播种,7~10 天后出苗,11 月中旬进入分蘖期,12 月初至中旬进入拔节期,翌年 2 月中旬进入孕穗期,4 月中旬开始抽穗,5 月初开始灌浆,5 月底至 6 月中旬进入成熟期。

第五章

燕麦栽培技术

第一节 品种选择

经过3年多的春播、夏播和秋播引种试验及大面积示范种植,特推荐秋播燕麦坝莜14号、坝莜13号和香燕8号(表5-1)。

表5-1 推荐秋播燕麦品种产量性状

品种	株高（厘米）	穗长（厘米）	单穗粒数（个）	单穗粒重（克）	千粒重（克）	产量（千克/亩）	生育期（天）
坝莜14号	78.8	22.8	136.5	2	24.35	367	206
坝莜13号	80.8	17.7	92.3	1.8	24.08	335.2	210
香燕8号	78.8	22.3	131.6	2.6	24.2	282	210

第二节　种植模式

　　燕麦与其他多数作物一样，不宜连作。长期连作一是导致病害增多，特别是易发生黑穗病，条件适宜的年份往往会造成病害蔓延，使燕麦产量严重受损；二是杂草增多，因燕麦幼苗生长缓慢，极易受杂草抑制，严重影响燕麦的生长；三是不能充分利用养分。

　　燕麦可采用单作、间套作或轮作等种植形式。在会泽县，燕麦单作前茬可为马铃薯、玉米、荞麦和烟草等，实行秋播燕麦夏播马铃薯的轮作模式，即燕麦（秋播）+马铃薯（夏播）+燕麦（秋播）；在海拔相对较低，热量充足的地方，也可采用燕麦（秋播）+玉米（夏播）+燕麦（秋播）、荞麦+燕麦、蔬菜+燕麦、水稻+燕麦、烤烟+燕麦等轮作模式。

秋播燕麦

玉米后茬燕麦

烤烟后茬燕麦

燕麦后茬夏马铃薯

乌蒙山燕麦

第五章 燕麦栽培技术

荞麦后茬燕麦

乌蒙山燕麦

第五章 燕麦栽培技术

蔬菜后茬燕麦

乌蒙山燕麦

水稻后茬燕麦

燕麦也可与玉米、豌豆进行间套作,发展林下(核桃树)饲用燕麦。

燕麦+玉米套种

核桃林下燕麦

第三节 地块选择

会泽县山区地块海拔不一、高低不平、大小不均。燕麦适宜在海拔 2 000~3 000 米的地域生长，尤以 2 000~2 600 米海拔为宜。因此，应尽量选择海拔相对较低、地势相对平坦、面积相对较大的地块用于燕麦种植，有利于机械化播种、收获等作业。

另外，燕麦喜欢生长在疏松的土壤中，应选择在土壤耕层深厚、保水保肥、回潮保墒地、土质疏松、有机质含量为 1% 以上的肥沃土壤，前茬以未使用过高毒、高残留农药的夏马铃薯、荞麦或玉米等地块为宜。

第四节　整地施肥

会泽县燕麦以秋播为宜，所以要做好秋深耕整地工作。由于前茬收获期的制约，留给燕麦秋播的时间较短，因此，在前茬作物收获后，应及时深耕整地，做到土细、墒平、无杂物。尤其在高海拔区，争取早耕深耕，是防旱保墒、全苗、壮苗，提高产量的一个先决条件。燕麦缺苗断垄比较严重，常因整地粗糙、土壤悬虚、土壤墒情不好和虫害鸟害所致。

秋耕施肥。在前茬作物收获后，应先进行浅耕灭茬。耙后，清除根茬，破碎大土块，准备施肥。施足底肥对提高燕麦产量极为重要，一般燕麦亩产300千克以上需要每亩施优质农家肥料300千克以上，而且要施足、施匀，大块肥料应打碎打细。为了确保在短时间内完成整地施肥工作，应做到边收、边灭茬、边施肥、边深耕，达到速度快、质量高，改良土壤理化性状，提高土壤的蓄水保墒能力。

土壤疏松干燥、悬虚时，需要镇压，使耕层土壤紧实，减少土壤空隙，减轻气态水的扩散，增加毛细管作用，把土壤下层水分提升到耕作层，增加耕作层的土壤含水量。

悬虚的土壤

倘若在太疏松干燥、土壤的悬虚地块上进行播种，易产生吊根死苗现象，造成燕麦缺苗断垄。

总归整地就是一个目的，为种子萌芽出苗创造一个无土块、无根茬、平整细碎的良好环境，使悬虚的土层踏实，造成上虚下实，水肥气热协调。整地早，整地好，土壤水分得到养护，是形成齐苗、全苗、壮苗的基础。对会泽县燕麦旱作来讲，整地仅仅是保障燕麦产量的一个基础环节，还必须在耕翻整地的同时，施入足量的底肥，夯实丰产基础。

土壤悬虚地上燕麦严重缺苗

整地后上虚下实的土壤

上虚下实土壤上出苗的燕麦

第五节 播 种

一、播前准备

 **选　种**

播种前对种子做进一步的精选和处理,是提高种子质量、保证苗全苗壮的措施之一。选种是提高种子质量既简单又有效的办法,俗话说"母壮儿肥""好种出好苗"讲的就是选种的道理。对燕麦来说,选种更为重要,因为燕麦为圆锥花序,小穗与小穗间、粒与粒间的发育成熟不均衡,小穗以顶部小穗发育最好,粒以小穗基部发育最好,所以应通过人工风选或筛选或机械筛选,选出粒大而饱满的种子供播种使用。

人工风选

机械筛选

人工精选出的粒大饱满的种子

晒 种

晒种的目的，一是促进种子后熟作用，二是利用阳光中的紫外线杀死附着在种子表皮上的病菌，以减少菌源，减轻病害。另外，通过晒种，能使种子内部发生变化，促进早发芽，提高发芽率，是一个经济有效的增产措施。晒种的方法很简单，在播种前几天，选择晴天无风，在硬化的水泥地面上将种子摊薄 2~3 厘米厚，晒 4~5 天，即可提高燕麦种子的活力，提早出苗 3~4 天。

晒 种

 乌蒙山燕麦

发芽试验

燕麦播种前，应该进行发芽试验，特别是从外地新调运的种子。发芽试验方法简单，先将种子混合均匀，随机取样100粒，用清水浸泡后，摊在垫有湿纸或湿沙的盘子里，上面覆盖湿纸或湿布，或将种子放在湿毛巾上，将毛巾卷起，两头用绳系住，放在15~20℃的温度条件下，发芽期间要保持毛巾湿润。

3天后，统计发芽数占种子总数的比例，即发芽势。种子发芽数越多，说明发芽势越强。

7天内的发芽数占供试验种子总粒数的百分比，叫发芽率。

如果100粒种子中有95粒发芽，发芽率就是95%。为了做到试验准确，要用同样种子作2~3份试验，最后以各份试验的平均数为准。好的燕麦种子，发芽率在95%以上，倘若发芽率在90%以下，要适当增加播种量。

> 注：根据GB 4404.4—2010《粮食作物种子 第4部分：燕麦》，其发芽率不低于85%。

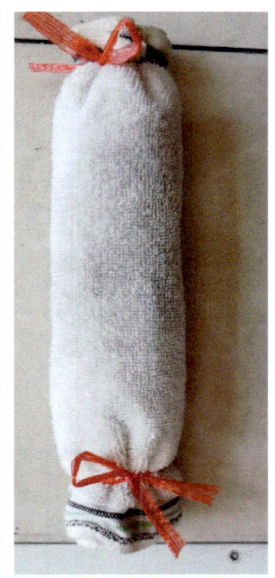

发芽试验

拌　种

燕麦黑穗病、锈病、病毒病是较为常见的病害，可导致燕麦减产，因此要大力提倡药剂拌种，并掌握拌种规程，才能发挥应有的效果。使用种子量0.2%的拌种双或多菌灵拌种，可防止燕麦丝黑穗病、锈病等，地下害虫严重的地区也可用辛硫磷或呋喃丹拌种。红叶病是由蚜虫传播黄矮病毒引起的燕麦上的重要病害，有效防治蚜虫可控制燕麦红叶病的发生，可用噻虫嗪种衣剂对燕麦种子进行包衣，其对燕麦蚜虫和红叶病有显著效果。

包衣燕麦种子

二、播种方法

燕麦最好采用机械播种或人工开沟或牛犁开沟条播，不宜撒播。机械播种下种均匀一致，易于控制播种深度和播种量，有利于出苗整齐一致，并且播种、施肥可一次作业完成，省时省工。因此，较大的地块尽量采用机械播种。不便机械作业的较小地块可采用人工开沟或牛犁开沟条播，若牛犁开沟一定要把握沟的深度，不宜过深。

播种施肥一次作业完成

燕麦机械播种

第五章 燕麦栽培技术

出苗整齐一致的机播燕麦

出苗均匀不一的撒播燕麦

三、播种期

在会泽县，当马铃薯、玉米等大秋作物收获后，有大量的土地赋闲，这些土地是发展冬燕麦的极好资源。因此，最近几年会泽县一直在探索利用冬闲田进行燕麦种植生产。会泽县冬闲田燕麦播种一般在 10 月中下旬至 11 月初较为适宜。过早播种，燕麦生长太快不利于越冬，过晚播种会推后燕麦的收获期（冬燕麦的生育期 210 天以上，≥ 10℃的有效积温 1 500~1 900℃），从而影响燕麦之后的作物种植与生长。由于会泽县垂直性气温相差较大，一般高海拔地块应早播，低海拔地块可稍晚一些，即先播海拔高的地块，后播海拔低的地块；阴坡地应早播，阳坡地应晚播，即先播阴坡地块，后播阳坡地块。播种时间还应视土壤墒情决定，抢墒播种尤为关键，抓苗是会泽县冬闲田燕麦高产的一项主要措施，应给予足够重视。

受冻燕麦（2019 年 9 月 23 日播种）

四、种肥选择与施肥量确定

每亩地施优质农家肥料 300 千克以上作为底肥是极为重要的，播种时，每亩用磷酸二铵 15 千克的种肥。目前，市场上的氮、磷、钾复合肥料，也可试用。

五、播种量确定

燕麦的分蘖能力强，属密植型作物，依靠群体获得产量，其构成因素为亩穗数、穗粒数和千粒重，而密植合理与否与品种的种性有直接关系。一般来说，应以达到群体、个体生长发育协调为度。因此，必须根据品种特性、土地生产力和二者的生产潜力，计划或制定出单产目标，然后确定基本苗数，测算播种量。燕麦基本留苗范围约在 30 万株/亩，土壤肥力好的地可保留在 35 万株/亩；一般机播亩播种量以 10 千克/亩为宜，撒播播种量可适当高一些，以 12~13 千克/亩为宜。土壤墒情不好应适当增加播种量。

六、播种行距与深度

条播行距 15~20 厘米，深度以 3~5 厘米为宜，防止重播、漏播，下种要深浅一致，播种均匀。播种深度过浅、过深都不利于燕麦种子萌发和幼苗生长。播种过浅，容易将种子暴露于土壤表面，影响燕麦种子的吸水萌发；播种过深，影响燕麦幼苗的生长，容易产生黄化苗。

造成播种过深的主要原因一是土壤太疏松、悬虚，播种深浅不一；二是当散播时，覆土薄厚不均匀，覆土多的地方种子入土太深。播种深度超过 5 厘米，幼苗出土时间太长，耗尽胚乳中的营养物，导致燕麦幼苗营养不良，次生根少而弱、叶片细长、瘦弱发黄、分蘖减少，抗性（抗旱耐寒和抗病）明显降低，对产量造成严重的影响。

悬虚土壤机器播种深浅不一

燕麦黄化苗

撒播覆土薄厚不一

七、播后镇压

播后应镇压或耱地使土壤和种子密切结合,一是可防止漏风闪芽,二是可使悬虚的土壤紧实,促使根系与土壤紧密接触,防止吊根现象的发生。另外,在土壤墒情差的时候,播种后一定要进行镇压,一方面,通过镇压切断土壤表面的毛细管,防止土壤水分的进一步散失,使水分保存下来;另一方面,通过镇压还能加强毛细管作用,把土壤下层水分提升到土表层,增加表层土壤含水量,有利于燕麦种子的萌发及幼苗生长。总之,燕麦播后镇压,措施虽然简单,但是可以有效碾碎土块、踏实土壤,增强种子与土壤的接触,起到既保墒抗旱又保温耐寒的作用,提高出苗率,促进根系更好地生长,有利于苗齐、苗全和苗壮。

燕麦根系

会泽县冬闲田燕麦种子萌发和幼苗生长发育过程中,常常受制于土壤水分不足的影响,增加土壤水分,保墒提墒对冬闲田燕麦就显得尤为重要,因此,要十分重视播种后的土壤镇压,它既是保墒提墒的重要一环,也是保障燕麦高产的重要举措。

八、冬闲田燕麦种植流程

```
品种选择 ──→ 耐寒耐旱、高产和生育期短
   ↓
种植模式 ──→ 马铃薯+燕麦；玉米+燕麦；荞麦+燕麦；烤烟+燕麦；蔬菜+燕麦；核桃林+燕麦
   ↓
地块选择 ──→ 海拔2 000~3 000米，地势平坦，地块大，便于机械作业；保水保肥、回潮保墒地
   ↓
施肥整地 ──→ 施农家肥300千克/亩；秋深耕，上虚下实
   ↓
播种前准备 ──→ 选种、晒种、发芽试验
   ↓
播种方法 ──→ 机械播种、人畜播种；条播、撒播
   ↓
播种期 ──→ 10月中下旬至11月上旬
   ↓
种肥 ──→ 磷酸二铵10~15千克/亩；或氮、磷、钾复合肥
   ↓
播种量 ──→ 机械播种10千克/亩；撒播10~12千克/亩
   ↓
播种行距与深度 ──→ 行距15~20厘米，深度3~5厘米
   ↓
播后镇压 ──→ 提墒保墒，促发芽、促生根
```

冬闲田燕麦种植流程

第六章

田间管理

农谚说"三分种,七分管。"只有在种好的基础上,加强燕麦的田间管理,才能达到苗壮、秆粗、穗大、粒重的目的。燕麦的田间管理主要分为3个阶段,即苗期管理、分蘖抽穗期管理和开花成熟期管理。

第一节 苗期管理

一、苗期生长特性

燕麦从出苗到拔节为苗期。其特点是在获得全苗的基础上,促进根系发育,多发根、深扎根,从而达到苗壮的目标。在会泽县,秋播燕麦苗期较长,大约90天。

苗期燕麦

二、苗期管理措施

苗期管理的主要任务就是保全苗、促壮苗。管理措施主要是早锄、浅锄。燕麦苗期生长缓慢,极易被杂草抑制,因此,要及早进行杂草防除,若杂草丛生,燕麦生长弱小,根系少,茎叶细弱,就不能有效地抗病、抗倒伏,势必造成减产。

苗期施肥

三、高产燕麦苗期的长势

高产燕麦苗期的长势长相应当具备满垄苗全、生长整齐、植株短粗苗壮,单株长势呈秆圆、叶绿、根深的特征。

苗期燕麦长势

第二节　分蘖抽穗期的田间管理

一、分蘖抽穗期生长特性

分蘖抽穗期的生育特点：分蘖幼穗开始分化，由营养生长（长根和茎）转入生殖生长，也就是营养生长与生殖生长旺盛的并进阶段。这是决定燕麦穗粒数的关键时期，也是燕麦一生中生长发育最快，对养分、水分、温度、光照要求最多的时期。如果上述外界条件不能满足燕麦生长发育的要求，幼穗的分化和形成就会受到影响，小穗数少、小花数也少。因此，必须抓紧抓住这个时期，加强田间管理，促进大穗多粒。

二、分蘖抽穗期田间管理措施

主要管理任务是：攻壮株、抽大穗、促进穗分化、保证有效花的形成。主要管理措施是：早追肥、深中耕、细管理、防虫治病。

 早追肥

"肥是植物的粮食。"燕麦产量不高，肥料不足是一个重要原因。在施足底肥用好种肥的基础上，还应追肥1~2次，做到分期分层科学施肥，以满足燕麦各个生长阶段对营养的需求。在分蘖、拔节后追施尿素3~5千克/亩。若第一次追肥效果不理想，可在抽穗前再追施一次肥料，追肥量不宜太多，2.5千克/亩即可。追肥原则为前促后控，结合降水或灌溉追施。会泽地区冬燕麦多为旱作，可在雨前或雨后施用。宁可肥等雨，不要雨等肥。若有灌溉条件的地方，施肥后应及时灌水。

 深中耕

燕麦根系的生长规律是前期深扎，后期浅铺，如果浅铺，根扎得太早，盘居表层，不利于根系深扎，浅铺根容易出现早死，致使叶片早枯，发生瘪粒现象。为了解决上述问题，并且避免水分和养分的不必要消耗，应在燕麦拔节前中耕2次，把燕麦垄间杂草干净彻底除掉。

第2遍中耕最好在分蘖阶段进行，此时正是营养生长、生殖生长及根系伸长的重要时期，所以必须深除。有灌溉条件的地方应追肥与灌溉相结合，先追肥后灌水，可进行中耕时，再深中耕1次，以破除土壤板结，减少水分蒸发。

 细管理

燕麦在分蘖抽穗期生长快，苗情变化大，如果缺水少肥，就会出现叶片发黄、苗弱等不正常现象，农民将其叫作"三类苗"。三类苗很容易识别，如果叶片细长，颜色黄绿，要进行追肥；如果叶绿披垂，则是水分不足的表现，要进行灌水。为了尽快使三类苗恢复正常，可配合浇水，追速效氮肥，苗色会很快改变。

三、高产燕麦分蘖抽穗期的长势

抽穗之前的燕麦应该是：秆圆、叶色浓绿、叶宽而短且向上举、生长整齐、株壮秆硬且有弹性。

 乌蒙山燕麦

第三节 开花成熟期的田间管理

一、开花成熟期的生长特性

燕麦抽穗,便进入开花受精和籽粒的建成时期。从开花到成熟约40天。这个时期虽然穗数和穗的大小已经决定,但仍是提高结实率,争取穗粒重的关键时期。

二、开花成熟期管理措施

燕麦抽穗开花以后,进入灌浆成熟阶段。灌浆前期最好有适量的降水,灌浆后期需水量逐渐减少,要求有充足的日照和较大的昼夜温差。一般不再进行灌水,但也不能坐等丰收,还必须加强田间管理。主要措施是:"一攻"(攻饱籽)、"三防"(防涝、防倒伏、防贪青)。

 "一攻"(攻饱籽)

"一攻"攻饱籽的主要措施是轻浇灌浆水,巧使攻穗肥,根外喷磷,通过管理,把已经授粉的全部籽粒变成饱满的种子。

轻浇灌浆水

灌浆期适当浇水,有利于营养物质的转运。灌浆水要轻浇,有条件的地方可进行喷灌。灌浆期浇水的一般原则为,见旱就浇,不旱不浇;小水轻浇,风天不浇。

巧施攻穗肥

主要是针对三类苗,可结合降水或灌水施少量的钾肥(如氯化钾),大面积可根外喷磷。

根外喷磷

燕麦需磷最多的时候是在穗分化和开花灌浆期。因磷肥分解缓

第六章 田间管理

慢，若作追肥，到燕麦抽穗时只能运转到茎秆，不能到穗部发挥作用，所以大部分用作底肥或根外喷磷。喷施方法：使用前一天，先把磷酸钙用水溶解，第二天将上面的清液用水稀释成300~400倍所需浓度，过滤后，去掉杂质，用喷雾器喷施。要从叶的下面往上喷，每亩75~100千克。喷施时机，以抽穗之前和开花之后每天的下午或傍晚为宜。

灌浆期燕麦

"三防"（防涝、防贪青、防倒伏）

防涝

燕麦开花以后，营养体生长基本停止，根系生活力逐渐减弱，这时不仅易受干热风危害，而且还怕雨涝。若遇到雨涝，要及时将田间积水排出。

防贪青

燕麦生长后期水肥不当，往往会造成燕麦贪青徒长，严重时会引发燕麦倒伏。因此，后期要严格控制水肥，大面积追肥应在抽穗前基本结束。三类苗追肥也不宜过重。灌浆后期，切勿大量灌水。

防倒

燕麦灌浆后到成熟期，由于燕麦穗头重量增加，遇到刮风、下雨往往会造成燕麦倒伏，可通过选择抗倒伏品种，合理密植，控制水肥，防风防涝等措施，达到防倒伏效果。

贪青徒长的燕麦

倒伏的燕麦

第七章

主要病虫害及其防治

在试验示范中发现,冬闲田燕麦虫害主要有蚜虫、粘虫等;病害主要有红叶病、白粉病、锈病等;由于当地鸟粪种类较多,也不能忽视鸟对播种后燕麦地的危害。尽量要做到早发现,早防治。

病虫害防治示范现场

第一节 蚜 虫

一、蚜虫生活习性

蚜虫又叫油汉、旱虫,是会泽县燕麦生产中的重要害虫。

 生活习性

燕麦整个生育期内都可发生为害,以孕穗和抽穗期为害最盛。被害叶初呈黄色斑点,逐渐扩为条纹状,严重时全叶皱缩、枯黄,以致全株枯死,麦穗受害,造成空穗或瘪穗。

燕麦蚜虫

二、蚜虫防治方法

防治原则：有条件的地方进行麦田冬灌，可消灭部分越冬麦蚜；经常认真巡查燕麦地，做到早发现早防治，发现一片防治一片，如果能够在燕麦抽穗前及时防治，蚜虫的种群数量在短时间内难以恢复，基本上可以控制整个生育期的蚜虫为害。

 发病规律

蚜虫从燕麦返青就开始发生，如果能够在扬花前认真防治，其种群数量在短时间内难以恢复，基本上可以控制整个生育期的蚜虫为害，还可以兼治其他害虫。同时，这个时期燕麦尚未长到正常的株高，防治起来也比较容易，防治效果好。

 防治方法

（1）杀虫剂选择：防治蚜虫的药剂有很多，如吡虫啉、啶虫脒、呋虫胺、吡蚜酮、毒死蜱、高效氯氰菊酯，以及复配制剂噻虫、高氯氟等。

（2）用药剂量及喷药时间：依据药剂用量说明每亩兑水35~50千克（2~3桶水），于上午露水干后或16时以后均匀喷雾。喷药1~2次，喷药时要慢走、匀喷，均匀仔细，不留死角，若田间苗情长势过旺，群体过大，可加入粉锈灵，将病虫一次性防治。

> **注意事项**
>
> 配药时要二次稀释：先加水后加药，在喷雾器里加入小半桶水，把药剂先在小容器里溶解，再倒入喷雾器，每加入一种药都要充分搅拌均匀后，才能再加入下一种农药，最后再加水到要配刻度搅拌均匀。农药配药顺序应根据农药的剂型来混配，叶面肥→可湿性粉剂→水分散剂→悬浮剂→干悬浮剂→微乳剂→水乳剂→水剂→乳油，乱配药剂会发生反应，降低药效，甚至发生药害。现用现配，用多少配多少。

第二节 红叶病

一、红叶病发生与症状

 发生条件

红叶病是昆虫传播的一种病毒病，它的发生与蚜虫相伴而生，一般在气温高、相对湿度小、气候干旱、蚜虫数量大的条件下，发病较为严重。

燕麦红叶病

第七章　主要病虫害及其防治

 为害症状

燕麦植株感染红叶病病毒后，一般上部叶片先表现病症。受害叶片先自叶尖或叶缘开始，呈现紫红色或红色，逐渐向下扩展成红绿相间的条纹或斑驳，病叶变厚、变硬。后期叶片橘红色，叶鞘紫色，受病植株有不同程度的矮化现象，抽穗后，有部分不结实。

二、红叶病防治方法

 防治方法

经常巡查燕麦田，发现蚜虫，及时喷药灭蚜，以控制传毒，消灭地块周围杂草，减少寄主和病毒来源；一种方法是在播种前使用内吸杀虫剂浸泡或拌种，使植株吸收药剂杀除蚜虫；其次是在燕麦栽培管理上，应增施氮、磷、钾肥（有条件的地方可结合浇水），以增加燕麦的抗病性。

第三节　白粉病

一、白粉病的发生与症状

 发生条件

白粉病发生的适宜温度为15~20℃，低于10℃发病缓慢，相对湿度大于70%有可能造成病害流行。

燕麦白粉病

第七章　主要病虫害及其防治

 为害症状

白粉病主要发生在燕麦的叶及叶鞘上，叶的正面较多，叶背、茎及花器也可发生，病部初期出现灰白粉状霉层，后呈污褐色并生黑色小点，即闭囊壳。

二、白粉病防治方法

选择地势较高，利于排水的地块种植，施足底肥，生长期适当喷 2~3 次奥普尔或基因活化剂等叶面肥，提高植株抗病性。及时清除田间病残体，减少病源。

 轮作倒茬

白粉病病菌种类很多，一类白粉病病菌只危害一类作物或一种作物，因此要合理安排茬口，进行倒茬种植。

 药剂防治

发病初期，可用 15% 粉锈宁（三唑酮）可湿性粉剂 1 500 倍液，专或用 45% 超微粒硫黄胶悬液 150~300 倍液、73% 特速唑可湿性粉剂 1 000~1 500 倍液，10% 乐无病可湿性粉剂 1 200~1 600 倍液交替喷洒。

> **技术要点**
>
> 早预防，白粉病一旦发生，流行很快，因此要注意发现中心病株并及时用药；喷药要周到，喷药时要叶面、叶背一起喷，才能把病菌杀死；大水喷，该病属菌遇水或湿度饱和时，易吸水破裂而死亡；持续用药，白粉病的药剂防治要持续进行，充分杀死残留的菌丝体及分生孢子，防止再流行，一般第一次喷药后每隔 4~5 天喷 1 次，连续喷 2~3 次。

第四节 锈 病

一、锈病的发生与症状

燕麦锈病主要发生在燕麦生长的中后期,病斑生在叶、叶鞘及茎秆上。发病初期,叶片上产生橙黄色椭圆形小斑,后病斑渐扩展出现稍隆起的小疮胞,即夏孢子堆。当孢子堆上的包被破裂后,散发出夏孢子。后期燕麦近枯黄时,在夏孢子堆基础上产生黑色的、表皮不破裂的冬孢子堆。在会泽山区燕麦种植区,其发生随海拔上升而延迟。

燕麦锈病

二、防治方法

 农艺措施

选择抗病品种，减少燕麦锈病的发生。避免连作，后茬选择种马铃薯、绿肥等地块轮作，减少菌源，降低同科作物感病的风险。播种前消灭带病残株，消除田间杂草寄主，集中处理，使病残体分解，减少病害的发生。加强田间管理，深翻土壤，多中耕，增强燕麦的抗病力，合理施肥，防止贪青晚熟，多施磷、钾肥，促进早熟；发病后及时喷药。

 种子处理

用种子重量0.3%的15%粉锈宁可湿性粉剂、40%多菌灵可湿性粉剂或者是20%萎锈灵乳油拌种。拌种时，先把种子铺开，将药剂加适量水喷在种子上拌均，闷种4~8小时后直接播种或者晾干播种。

 大田防治

发病初期每亩用50%多菌灵可湿性粉剂50克、70%的代森锰锌可湿性粉剂100克、20%粉锈宁乳油40毫升、25%粉锈宁可湿性粉剂30克、25%三唑酮可湿性粉剂3.5克或者20%萎锈灵乳油25毫升兑水50千克喷雾，10天1次，喷药1~2次。

> **注意事项**
>
> 　　大田锈病始发期和始盛期应及时喷洒药剂进行防治，在早春田间发现病株时，及时喷药控制。
> 　　喷药时要均匀仔细，不留死角。

乌蒙山燕麦

第五节　鸟　害

会泽县湖泊水库较多，冬季候鸟也多，有些候鸟非常喜食燕麦种子或胚芽，常常到已播种的燕麦地里觅食，食用燕麦种子或胚芽，造成燕麦缺苗断垄，使燕麦产量严重受损。

 防治方法

在选择地块时应尽量远离候鸟多的区域，增加一些防范措施，例如，在田里设置一些草人或彩带彩条等，危害严重的地块，可采用声响恫吓法利用锣鼓声、爆竹声进行驱赶，以避免或减少候鸟到已播种燕麦地里进行觅食。

第八章

适时收获

第一节 燕麦成熟的标志与标准

进入灌浆期时,燕麦籽粒开始不断累积干物质。籽粒的体积不断增大,由乳熟期进入完熟期,燕麦的成熟很不一致。一般成熟程度是从穗的上部小穗开始,逐渐向下。同一个小穗(铃)上,是基部第一朵花先成熟。因此在成熟过程中,穗部颜色颇不一致,这个成熟过程又叫作花铃期。当花铃期过后,整个穗部颜色变黄,下部小穗籽粒进入蜡熟期,当大田麦穗全部变黄,即燕麦已成熟。

花铃期燕麦

成熟期燕麦

第二节 收获时期与方法

成熟的燕麦籽粒容易脱落（俗称口松），若收获不及时，会造成损失。因此，收获燕麦应在穗部已有3/4的小穗成熟时进行，最好是熟一片割一片。收获时可用稻麦联合收割机直接脱粒，也可用小型割晒机收割。会泽县燕麦收获期，视播种早晚和海拔高度，收获时间会有一些差异。在10月中下旬至11月上旬播种的燕麦，在正常情况下，一般在5月底至6月上中旬收获。

落地燕麦

机收燕麦

·115·

测产现场会

第三节　晾晒贮藏

燕麦脱粒后应及时进行清选去杂,包括人工风选和机械清选,并进行晾晒,避免因晾晒不及时而造成种子发霉等变质现象的发生。直至含水量达到12.5%以下,即可将干燥的种子装袋入库。

人工风选

乌蒙山燕麦

机械清选

晾晒种子

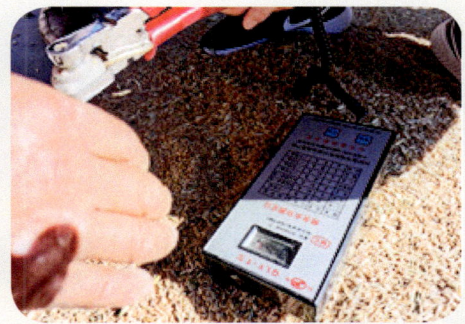

测定种子水分含量

燕麦种子易受潮,要将入库的种子袋放在垫层上。另外,燕麦种子极易遭鼠害,因此,在贮藏期间一定要注意防鼠,并要注意防潮,种子务必要存放在相对干燥的地方,防止仓库漏雨淋湿种子。

垫层

第九章

燕麦种子田

第一节　种子田的生产任务

进行燕麦良种的繁殖与生产是发展燕麦产业的当务之急，要进行良种繁育与生长就必须建立专门的种子田。种子田的主要任务就是维持和提供良种种性，为生产提供合乎标准的燕麦种子，同时，保持种子良好的纯度和质量，满足生产上对燕麦良种的大量需要。燕麦种子田的建立贯穿"合理布局、分级繁殖、村上供种、乡镇调剂"的良种繁育制度，做到县（乡、镇）有良种场，村有种子田，并充分发挥科技户、专业户的良种生产积极性，提高良种生产技术，严格去杂去劣，充分发挥良种的增产作用。

第二节　种子田建立

会泽县燕麦种植业的发展，需要有大量的良种供应。为了保持优良品种的优良特性，避免混杂、退化，必须建立种子田，实行以村供种和统一繁育、统一保管、统一供应的原则，以保障足够数量和质量的良种供应，充分发挥良种的增产潜力，促进燕麦获得大面积丰产。

怎样建立留种田？首先，要加大目前会泽县主推燕麦品种的繁育力度。选择地势平坦、排水良好、土质和前茬较好的地块作为种子田。耕作管理要精细，特别在幼苗期和抽穗后，严格进行几次去杂去劣工作。在苗期要早除草、早中耕，将杂草消灭在萌芽时期，抽穗后要清除杂草、异株和异穗等。

清除异株和异穗

在收获时，可根据主推燕麦品种性状进行精细选择，将选出的燕麦进行混合脱粒，作为第二年供种。也可以根据其性状进行单穗选择，并单穗脱粒、单独贮藏，作为第二年种子田用。

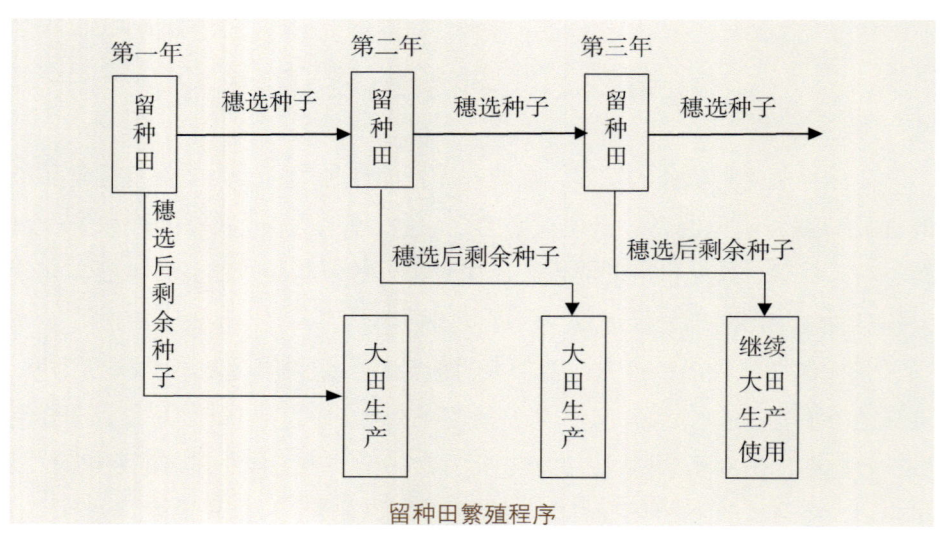

留种田繁殖程序

第三节　燕麦种子混杂退化的原因

选用优良品种并不能一劳永逸。良种和劣种在一定条件下是可以互相转化的。一个优良品种如果在一个地区长期种植，若没有健全的良种繁育制度，就会失去原有的优良性状，以致发生优良性状退化、抗病能力减弱、纯度降低、成熟期不一致、生活力和产量下降等退化现象。

引起品种退化的原因有许多。燕麦虽然是自花授粉作物，但在自花授粉中，天然异交也是存在的，这就是生物学上的混杂。耕作栽培条件与良种的要求不相适应，久而久之良种的抗逆性和丰产性就会下降。在播种、收获、脱粒、贮藏等过程中，因管理不善、不细，造成不同品种之间人为的机械混杂，也会使品种纯度降低，抗逆性变弱，产量下降。生产用种的品种混杂，主要是指机械混杂。良种中混进不同作物或不同燕麦品种的种子，如不注意去劣去杂，当年混进1粒杂种，翌年杂种就变为百粒或更多，使品种由纯变杂，甚至完全丧失了原品种的丰产特性。

除杂去劣现场会

第四节　良种繁育技术

一、穗行提纯法

穗行提纯法是一种简单而易行的方法。工作程序是单穗选择—分系比较—混合繁殖。具体做法是：燕麦成熟前，组织有经验的农民、技术员到种子田或丰产田，选择具有原品种典型特征和形态的优良单株，数量根据人力、物力情况选择一百至几百个麦穗，带入室内进行复选，进一步淘汰不具备原品种性状的单穗，留下典型单穗分别脱粒保存。

第二年进行鉴定。将上年选好的单穗，每穗种植 2 行，每隔 10 行设 1 对照区（原品种）。为了便于田间观察，最好有记录。生育期间必须进行田间鉴定，不断地去杂去劣。在苗期拔出与原品种苗色不一致的杂苗。拔节后，根据各穗行的长相、生长势、抗旱性等进行一次田间评定，淘汰一些不好的穗行。抽穗后，鉴定抽穗早晚、有无病虫害等，再淘汰一批不符合标准的穗行。成熟前，组织有经验的农民、技术员等进行田间评定，依据"抽穗整齐、脚底清、秆立、铃重、无病"等丰产长相，对原种的特征、特性进行全面鉴定，选出若干优良穗行。一般穗行入选率应占 60% 左右。收获后，将入选的优良穗行混合脱粒，成为原种，作为下一年原种田种（原种圃的种子）。原种田用种再经繁殖，就称为原种，作为生产者种子田用种或直接用于大田生产。

按上述程序进行的选优更新，去杂去劣，从选单穗到原种

繁殖，需要二年二圃制（即穗行圃和原种圃）。如果把穗行圃选的穗行分别收获脱粒后，再种成穗行系圃，再比较试验 1 年，从中选出优良的穗系后混合，第二年在种原种圃，成为三年二圃制。二圃制简单易行，原种繁殖快。

二、混合选择法

收获前组织有经验的农民、技术员，选择生长健壮、丰产性能好、整齐的田块，进行严格的去杂去劣后，单独收获脱粒，作为下一年生产用种，这种方法叫作片选法。

选穗是在燕麦收获前，从生长整齐的大田地块里或终止田内，选择成熟一致又具有原品种特征的优良单穗，混合脱粒，作为下一年种子田用，叫作穗选法。以后都应按此方法在留种田（或大田）内进行穗选，供下一年种子田繁殖。

第五节　良种繁育应注意的事项

良种繁育中主要是防止燕麦良种的混杂，包括防止生物学混杂和机械混杂两个方面。

燕麦虽然为自花授粉植物，但也存在一定的异交。因此，原种田和留种田不应与大田燕麦相邻种植，以防止生物混杂。防止机械混杂，要注意在种子出入库时严格检查，确认种子袋上的标签或袋内装的燕麦种子是否是需要种的品种。在种子防杂防错上应把好"五关"，即出库关、播种关、收割关、脱粒关、入库关。严格防止种子混杂，在收获时应做到"五单"，即单收、单运、单打、单晒、单独保存，以保障种子的纯度。

种子田的栽培管理和耕作技术应优于一般燕麦大田生产，使每个植株有良好的生长发育条件，以提高种子的产量和质量。选择土壤肥沃、排水良好的地块作为种子田。作为种子田的种子要精细选择，提高播种质量，密度要比一般大田燕麦稀些，保证单株有充分的营养面积；同时，要施足底肥，适当增施磷肥、钾肥，及时重耕除草，做好去杂去劣工作，对病虫害要及时防治。

冬闲田燕麦种子田

第十章

燕麦种子与干草质量分级

第一节 燕麦种子等级分级

一、燕麦种子质量分级

燕麦种子最低质量要求见表10-1。

表10-1 燕麦种子最低质量要求 （单位：%）

种类	种子类别	品种纯度不低于	净度（净种子）不低于	发芽率不低于	水分不高于
燕麦	原种	99.0	98.0	85.0	13.0
	大田用种	97.0			

二、燕麦种子检验内容可分为扦样和检测部分

 扦 样

扦样是从大量的种子中，随机取得一个重量适当、有代表性的供检样品。样品应由从种子批不同部位随机扦取若干次的小部分种子合并而成，然后把这个样品经对分递减或随机抽取法分取规定重量的样品。不管哪一步骤都要有代表性。

◎扦样前的准备

扦样员应向种子经营、生产、使用单位了解该批种子堆装混合、贮藏过程中有关种子质量的情况。

◎划分种子批

种子批的大小:一批种子不得超过表10-2所规定的重量,其容许差距为5%,若超过规定中重量时,须分成几批,分别给以批号。

表10-2　燕麦种子批的重大重量和样品最小重量

种名	学名	种子批的最大重量（kg）	样品最小重量（g）		
			送验样品	精度分析试样	其他植物种子计数试样
裸燕麦（莜麦）	Avenanuda L.	25 000	1 000	120	1 000
饲用燕麦	Avenasativa L.	25 000	1 000	120	1 000

种子批的均匀度：被扦种子批应在扦样前进行适当混合、掺匀和机械加工处理，确保其均匀一致。种子包装物或种子批没有标记或能明显地看出该批种子在形态成文件记录上有异质性的证据时，应拒绝扦样。

容器及种子批的标记及封口：种子批的被扦包装物（如袋、容器）都必须封口，被扦包装物应贴有标签或加以标记。

◎扦取初次样品

袋装扦样法：根据种子批袋装（或容量相似而大小一致的其他容器）的数量确定扦样袋数，扦样袋数应作为最低要求，如表10-3所示。

表 10-3　袋装的扦样袋（容器）数

种子批的袋数（容器数）	扦取的最低袋数（容器数）
1~5	每袋都扦取，至少扦取 5 个初次样品
6~14	不少于 5 袋
15~30	每 3 袋至少扦取 1 袋
31~49	不少于 10 袋
50~400	每 5 袋至少扦取 1 袋
401~560	不少于 80 袋
>561	每 7 袋至少扦取 1 袋

散装扦样法：根据种子批散装的数量确定扦样点数，扦样点数见表 10-4。

表 10-4　散装的扦样点数

种子批的袋数（容器数）	扦取的最低袋数（容器数）
50 以下	不少于 3 点
51~1 500	不少于 5 点
1 501~3 000	每 300kg 至少扦取 1 点
3 001~5 000	不少于 10 点
5 001~20 000	每 500kg 至少扦取 1 袋
20 001~28 000	不少于 40 点
28 001~40 000	每 700kg 至少扦取 1 点

检　验

种子检验也是种子工作中的一项重要环节。田间检验合格的原种田和种子田，才有留种的资格；室内检验合格的种子才能入库；种子库内的种子，检验合格才能出库作种子使用，按规定价格收购或出售。

◎田间检验

检验时间，在裸燕麦蜡熟期进行。地块在 5 亩以下时，取 5 个样点，5~10 亩时，取 10 个样点，10 亩以上，每增加 1 亩加 1 个样点。取样点可采用"对角线等距随机取样法"，每隔一定距离确定一个样点，每点取 20~50 株，带回室内检验检验品种纯度、病虫害感染率、杂草感染率。计算公式如下：

品种纯度（%）=（供检验的总株数－杂株数）/供检验的总株数×100

病虫害感染率（%）=感染病（虫）害茎秆数/供检验的茎秆数×100

杂草感染率（%）=杂草茎秆数/供检验的茎秆数×100

◎室内检验

种子净度：取样品两份，每份50g，从样品中挑出废种子和杂质（砂、土、茎、叶、草籽等），称一下重量，再计算净度，取平均数。

净度（%）=（供检验的样品质量－杂物质量）/供检验的样品质量×100

种子纯度：根据种子的颜色、形状识别，随机取样2份，每份500粒（50g），分别数出本品种种子和异品种种子，计算品种纯度，取平均数。

纯度（%）=（供检验样品总粒数－杂粒数）/供检验样品总粒数×100

或

纯度（%）=（供检验样品重量－杂粒重量）/供检验样品重量×100

发芽势和发芽率：测定发芽势，可知道种子发芽的快慢和整齐度。发芽测定率，可根据发芽种子的多少，来确定播种量。测定方法：经过净度检验过的种子，随机取100粒，2份，分别在铺有滤纸或湿沙的器皿中，置温度为20~25℃条件下进行发芽。发芽试验第3天计算发芽势，第7天计算发芽率（芽长达到种子长度的一半，为发芽标准）。

发芽势（%）=在规定日数内发芽的种子数量/供试验的种子粒数×100

发芽率（%）=全部发芽的种子粒数/供试验种子粒数×100

种子利用率：根据种子净度及发芽率，来计算种子的实用价值，并确定播种量。

种子利用率（%）=净度×发芽率/100

实际播种量=原计划播种量/种子用价

含水量：含水量大的种子，贮藏时易霉烂。为了贮藏安全，入库前要检验种子含水量。使用种子水分测定仪测定种子含水量，以13%为入库安全标准。若含水量在15%以上，种子易发热，应立即翻晒或通风，干燥后再入库贮藏。

千粒重：是种子饱满度和大小的一个指标。随机取1 000粒种子2份，称重后，取其平均重量（g），两者之差不得大于5%。

第二节　燕麦干草质量评价

优质饲草是促进奶业健康可持续发展的基础，也是保障牛奶质量安全的基础。为了保证牛奶的质量安全，世界各国均禁止给奶牛饲喂动物性蛋白饲料，这使得以优质饲草为代表的植物性蛋白饲料成为奶牛养殖必不可少的投入品。近年来，我国奶业飞速发展，带动了优质饲草的生产和使用，优质饲草生产逐步走向产业化。目前我国种植的多年生饲草以苜蓿为主，一年生的多以青贮玉米和燕麦为主，由于我国饲草规模化产业发展起步较晚，国产饲草产品的产量和质量还不能满足奶业需要。

在优质饲草需求不足、饲草价格走高的形势下，我国饲用燕麦的种植面积逐年扩大，干草产量逐年增加，但也存在着产品质量参差不齐、缺乏评价标准的问题，给燕麦干草生产、使用、贸易带来很多不便。而澳大利亚由于有较为完善的燕麦干草质量标准，能够比较容易地进入我国市场。

饲用燕麦生产在我国有很好的资源优势，燕麦和苜蓿生产对于奶业具有同等重要的地位，不可偏废。为了促进国产燕麦干草生产，对燕麦干草质量进行科学评价十分必要。

燕麦干草要求表面绿色或浅绿色，因日晒、雨淋或贮藏等原因导致干草表面发黄或失绿的，其内部应为绿色或浅绿色；无异味或有干草芳香味；无霉变。

◎ A型燕麦干草

特点是燕麦干草产品。含有8%以上的粗蛋白质（干物质基础），部分可达14%以上。主要产自我国部分地区，以及美国、加拿大等国（表10-5）。

表 10-5　A 型燕麦干草质量分级

化学指标	等级			
	特级	一级	二级	三级
中性洗涤纤维 NDF（%）	＜50	≥55，＜59	≥59，＜62	≥62，＜65
酸性洗涤纤维 ADF（%）	＜33	≥33，＜36	≥36，＜38	≥38，＜40
粗蛋白质 CP（%）	≥14	≥12，＜14	≥10，＜12	≥8，＜10
水分（%）	≤14			

◎ B 型燕麦干草

特点是燕麦干草产品含有 15% 以上的水溶性碳水化合物（干物质基础），部分可达 30% 以上。主要产自我国部分地区以及澳大利亚等国（表 10-6）。

表 10-6　B 型燕麦干草质量分级

化学指标	等级			
	特级	一级	二级	三级
中性洗涤纤维 NDF（%）	＜50	≥50，＜54	≥54，＜57	≥57，＜60
酸性洗涤纤维 ADF（%）	＜33	≥30，＜33	≥33，＜25	≥35，＜37
粗蛋白质 CP（%）	≥30	≥25，＜30	≥20，＜25	≥15，＜20
水分（%）	≤14			

注：中性洗涤纤维、酸性洗涤纤维和水溶性碳水化合物均为干物质基础，引自中国畜牧业协会标准《燕麦　干草质量分级》(T/CAAA002—2018)。

一、粗蛋白

在我国，奶牛养殖过程中燕麦与苜蓿是必不可少的饲料种类，但目前国内严重短缺蛋白质饲料，而且奶牛生产水平越来越高，对蛋白质饲料的需求也日益增加，生产高蛋白燕麦干草对于减少蛋白质饲料进口、满足奶牛蛋白质营养需要、降低饲料成本等都有重要作用。粗蛋白是家畜必须的营养物质，也是评价饲草营养价值的主要指标之一。因此，应把粗蛋白质含量作为首要评价指标。奶牛所需营养物质中接近 50% 的粗蛋白由饲草提供。国产燕麦干草在粗蛋白含量上存在明显优势。如能严格按照生育期适时收获，可以生产高质量的燕麦干草（表 10-7）。

表 10-7 燕麦的营养成分 （单位：%）

样品	水分	占干物质				
		粗蛋白质	粗脂肪	粗纤维	无氮浸出物	粗灰分
燕麦籽粒	10.9	12.9	3.9	14.8	53.9	3.6
燕麦鲜草	80.4	2.9	0.9	5.4	8.9	1.5
燕麦秸秆	13.5	3.6	1.7	35.7	37.0	8.5

注：引自陈宝书《牧草饲草作物栽培学》2001。

二、纤维和脂肪

酸性洗涤纤维和中性洗涤纤维是衡量饲草品质的两个重要指标。酸性洗涤纤维包括纯纤维素和酸性纤维素两部分；而中性洗涤纤维包括纤维素、半纤维素、木质素和硅酸盐等。中性洗涤纤维在粗饲料中含量丰富，对反刍动物具有一定的营养价值。与苜蓿干草相比，燕麦干草的中性洗涤纤维和酸性洗涤纤维含量较高。燕麦干草比苜蓿干草含有更多容易消化的半纤维素和纤维素。因此，燕麦干草含有较高的中性洗涤纤维时并不降低干物质消化率，也不会明显限制干物质采食量（表 10-8）。

表 10-8　燕麦干草与苜蓿干草纤维含量　　　　　　（单位：%DM）

类型	中性洗涤纤维	酸性洗涤纤维
燕麦干草	58.0	36.4
苜蓿干草	41.6	32.8

注：引自 NRC（2001）《奶牛饲养标准》。

粗脂肪是饲料中的一个重要组成部分，虽然各种动物对它的需求量不大，但是不能缺少。若饲料中粗脂肪含量超过 5%，易引起家畜腹泻或瘦肉率降低，对于反刍动物还会抑制瘤胃微生物的繁殖，从而降低消化功能。

三、相对饲喂价值和相对饲喂质量

相对饲草品质是依据酸性洗涤纤维和中性洗涤纤维的综合表现来选择理想型饲草的重要指标，数值越高，说明饲草的饲用价值越高、品质越好。相对饲喂价值（RFV）适于评价以苜蓿为代表的豆科饲草，用其评价禾本科饲草会导致严重低估其质量，应避免用 RFV 值对燕麦干草和苜蓿干草进行质量比较和定价。用相对饲喂质量（RFQ）评价禾本科饲草优于相对饲喂价值，能更好地体现其质量。

干草 RFV 根据经验公式计算

$$RFV = DDM \times DMI / 1.29$$

$$DDM(\%) = 88.9 - 0.779 ADF(\%DM)$$

$$DMI(\%BW) = 120 / NDF(\%DM)$$

干草 RFQ 根据经验公式计算

$$RFQ = DMI \times TDN / 1.23$$

DMI 根据 DMI_{grass} 计算

$$TDN_{grass} = (NFC \times 0.98) + (CP \times 0.87) + (FA \times 0.97 \times 2.25)$$
$$+ (NDFn \times NDFDp / 100) - 10$$

$$DMI_{grass} = -2.318 + 0.442 \times CP - 0.0100 \times CP^2 - 0.0638 \times TDN$$
$$+ 0.000\,922 \times TDN^2 + 0.180 \times ADF$$
$$- 0.001\,96 \times ADF^2 - 0.005\,29 \times CP \times ADF$$

$$FA = EE - 1$$

$$NDFn = NDF - NDFCP,$$

或

$$NDFn = NDF \times 0.93$$

$$NFC = 100 - (NDFn + CP + EE + ash)$$

$$NDFDp = 22.7 + 0.664 \times NDFD$$

式中，CP 为粗蛋白，EE 为粗脂肪，FA 为脂肪酸，NDF 为中性洗涤纤维，NDFDP 为中性洗涤不溶性蛋白，NDFn 为无氮中性洗涤纤维，NDFD 为 48 h 体外中性洗涤纤维消化率，NFC 为非结构性碳水化合物。

RFQ 通常要明显高于 RFV。如果用 RFQ 而不是用 RFV 来比较燕麦干草和苜蓿干草，二者之间的差异会减小（表 10-9）。

表 10-9 燕麦干草和苜蓿干草的 RFV 与 RFQ

类型	CP	NDF	ADF	TDN	RFV	RFQ
燕麦干草	9.1	58.0	36.4	55.9	97.1	108.8
苜蓿干草	19.2	41.6	32.8	56.4	141.7	

注：CP、NDF、ADF、TDN 数据来自 NRC（2001）《奶牛饲养标准》。

四、燕麦干草分级

在燕麦生产过程中，评价燕麦干草品质最直观、最简便的方式就是感官识别。感官识别也是燕麦生产与贸易流通中最常用的方法。燕麦干草感官质量的评价主要包括气味、色泽和形态。

通常情况下，燕麦干草气味要求无异味或者有干草的芳香味；色泽为暗绿色、浅绿色或者浅黄色；形态方面，即干草形态基本均一，茎、秆、叶均匀一致，无霉变、无结块，允许存在一定比例的杂草。

评价燕麦干草质量的另一个方面是理化指标，即粗蛋白质、中性洗涤纤维、杂类草和水分等指标，应参照《牧草标准化生产管理技术规范》（表10-10）。

表 10-10　燕麦干草理化指标及质量等级　　　　　（单位：%）

理化性质		等级		
		一级	二级	三级
粗蛋白质	≥	13	10	7
中性洗涤纤维	≥	55	50	45
杂类草	≤	5	10	15
水分	≤		14	

参考文献

［战国－汉］不详，管锡华，译注，2014.尔雅［M］.北京：中华书局.

［汉］许慎，［清］段玉裁，注，1981.说文解字注［M］.上海：上海古籍出版社.

［唐］苏敬，1959.新修本草［M］.上海：上海科学技术出版社.

［宋］寇宗奭，1990.本草衍义［M］.北京：人民卫生出版社.

［宋］李昉，1966.太平御览［M］.北京：中华书局.

［宋］唐慎微，1957.重修政和经史证类备用本草［M］.北京：人民卫生出版社.

［明］方以智，1990.通雅［M］.北京：中国书店.

［明］李时珍，1930.本草纲目［M］.上海：商务印书馆.

［明］张自烈，1996.正字通［M］.北京：中国工人出版社.

［明］赵时春，1999.平凉府志［M］.兰州：甘肃人民出版社.

［明］赵廷瑞，马理，吕柟，2006.陕西通志［M］.西安：三秦出版社.

［明］李维桢，1996.山西通志［M］.北京：中华书局.

［明］彭遵古，2007.郧阳府志［M］.武汉：长江出版社.

［明］杨慎，2019.丹铅总录［M］.北京：中华书局.

［明］高廷愉，明嘉靖二十八年（1549年）.普安州志（刻本）［M］.北京：中华书局.

［明］朱橚，1987.救荒本草（文渊阁四库全书本）［M］.上海：上海古籍出版社.

［清］陈元龙，1989.格致镜原［M］.江苏：广陵古籍刻印社.

［清］顾景星，1995.野菜赞［M］.上海：上海古籍出版社.

［清］鄂尔泰，马宗申，校注．1995．授时通考校注［M］．北京：中国农业出版社．

［清］鄂尔泰．云南通志［M］．昆明：云南人民出版社．

［清］崔培元，朱甘霖，1976．宜都县志［M］．台北：成文出版社．

［清］平翰，郑珍，2013．遵义府志［M］．上海：上海古籍出版社．

［清］马忠良，马湘，孙锵，1972．越巂厅志［M］．台北：成文出版社．

［清］崔乃鏞，雍正十三年（公元1753年）．东川府志［M］．出版社不详．

［清］方桂修，胡蔚，光绪三十四年（公元1908年）．东川府志［M］．东川师范学堂．

［清］吴其濬，1963．植物名实图考［M］．北京：中华书局．

拓泽忠，周恭寿，熊继飞，1938．麻江县志［M］．贵阳：贵州人民出版社．

柳茜，孙启忠，2018．攀西饲草［M］．北京：气象出版社．

柳茜，孙启忠，2019．凉山一年生饲草［M］．北京：中国农业科学技术出版社．

柳茜，孙启忠，卢寰宗，等，2017．冬闲田不同燕麦品种生产性能的初步分析［J］．中国奶牛（10）：51-54．

柳茜，孙启忠，杨万春，等，2019．攀西地区冬闲田种植晚熟型燕麦的最佳刈割期研究［J］．中国奶牛（1）：3-5．

柳茜，孙启忠，乔雪峰，等，2019．6个燕麦品种在攀西地区生产性能比较［J］．草业与畜牧（3）：38-43．

柳茜，傅平，敖学成，等，2016．冬闲田多花黑麦草+光叶紫花苕混播草地生产性能与种间竞争的研究［J］．草地学报（24）：1．

柳茜，傅平，苏茂，等，2015．不同氮肥基施对多花黑麦草产量的影响［J］．草业与畜牧（3）：18-20．

徐丽君，柳茜，肖石良，等，2020．乌蒙山区春闲田粮草轮作燕麦的生产性能［J］．草业科学，37（3）：514-521．

杨文宪，2006．莜麦新品种与高产栽培技术［M］．太原：陕西人民出版社．

（苏）斯密尔诺夫，著，陈恺元，董而雍，译，1955．作物栽培学［M］．北京：财政经济出版社．